T0269832

Los intrusos

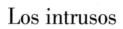

Carlos Manuel Álvarez

Los intrusos

EDITORIAL ANAGRAMA
BARCELONA

Ilustración: © Yamil Lage, © Yander Zamora y © Rafael Alejandro

Primera edición: *marzo 2023*

Diseño de la colección: lookatcia.com

ISBN: 978-84-339-1920-5
Depósito legal: B. 230-2023

Printed in Spain

Liberdúplex, S. L. U., ctra. BV 2249, km 7,4 - Polígono Torrentfondo
08791 Sant Llorenç d'Hortons

El día 29 de noviembre de 2022, el jurado compuesto por Juan Villoro, Leila Guerriero, Martín Caparrós, la editora Silvia Sesé y José Javier Villarreal, de la Universidad Autónoma de Nuevo León, concedió el 4.º Premio Anagrama/UANL de Crónica Sergio González Rodríguez a *Los intrusos*, de Carlos Manuel Álvarez.

Como una manzana
es mucho más espesa
si un hombre la come
que si un hombre la mira.
Como es aún más espesa
si el hambre la come.
Como es aún mucho más espesa
si no la puede comer
el hambre que la mira.

JOÃO CABRAL DE MELO NETO

Mira esta cepa de plátano. ¡Mírala bien, canalla! La plantaré yo mismo, hoy día de San Isidro Labrador. Cuando dé frutos y estén en madurazón, te comeré en guiso de plátano y quimbombó. ¡Ah, tu sangre me la beberé en sambumbia! Pero antes te condeno al tormento de la sed y del hambre. He dicho.

LYDIA CABRERA

¡Den vueltas, mis hambres!
Las hambres, ¡que pasten
en prado de sones!
¡Que atraigan la suave,
la alegre ponzoña
de las amapolas!

RIMBAUD

−¿Cómo habríamos conocido a Tolstói, Pushkin y entendido Rusia?
−Tú no sabes nada de Rusia.
−Entonces tú tampoco sabes nada de Italia, si no sirven de nada Dante, Petrarca, Maquiavelo...
−Es cierto. Es imposible para nosotros los pobres.
−¿Y cómo podemos hacer para conocernos?
−Hay que destruir las fronteras.
−¿Qué fronteras?
−Las del Estado.

ANDRÉI TARKOVSKI, *Nostalghia*

Estos eventos ocurrieron entre el 9 de noviembre de 2020 y el 10 de enero de 2021, durante el primer año pandémico.

La noche del 20 de noviembre le dije a mi novia que me iba a Cuba a unirme a una protesta política que generaba una atención inusitada. El aeropuerto de La Habana, cerrado durante meses por la pandemia, había reanudado sus vuelos hacía apenas cinco días. Afuera, las últimas señas del otoño en Nueva York. Mi novia me dijo que lo hiciera, su voz cansada, un gesto de preocupación. Yo estaba practicando un exilio que, en sentido estricto, no era tal, asentado en ningún lugar y volviendo a la isla de vez en cuando. Luego de vivir una temporada de tedio y aislamiento que terminó cargándome de rabia a los veinticinco años, empezaron a asomar visos de sedición en el país, gente reconociéndose una a otra y no quería perdérmelo.

Ocho meses antes, en marzo, el artista Luis Manuel Otero, figura principal del Movimiento San Isidro (MSI), había sido encarcelado. Sus performances enfurecían al régimen de La Habana, que después de unos veintisiete encierros relativamente breves, no mayores a setenta y dos horas, lo detuvo en la puerta de su casa bajo las acusaciones de «ultraje a los símbolos patrios» y «daños a la propiedad». Buscaba sentenciarlo mediante juicio sumario a una condena de entre dos y cincos años de prisión.

Otero pensaba apoyar un evento de la comunidad gay y trans frente al Instituto Cubano de Radio y Televisión, luego de que un funcionario censurara un beso entre dos hombres en la película *Love, Simon*. Anteriormente, había usado un casco de constructor para protestar por el derrumbe de un balcón que provocó la muerte de tres niñas; integrada la bandera cubana a su rutina diaria, representando a héroes locales del período republicano, se había arrastrado por las calles de la ciudad con una piedra atada al pie, e igualmente encabezó los reclamos de los artistas contra el Decreto 349, que en 2018 intentó actualizar el ejercicio de la censura como eje principal de la política cultural del Estado.

En trece días, gracias a la presión que un grupo de colegas levantamos desde distintos frentes –artículos de prensa en medios internacionales, intervenciones públicas, quejas en ministerios e instituciones del gobierno–, Otero salió de la cárcel. Nadie pensó que sucedería. Protestamos porque no podíamos quedarnos de brazos cruzados. Un resultado de esa naturaleza quería decir que teníamos más fuerza de la que suponíamos.

El MSI, organización tentacular de arte y activismo, quedaba en el barrio que le daba nombre, San Isidro, una zona pobre de La Habana Vieja. La vocación ecuménica y el carácter anfibio del movimiento hacían difícil clasificarlo. Reunía raperos del gueto, profesoras de diseño, poetas disidentes, especialistas de arte, científicos y ciudadanos en general.

Una premisa pretendía hundir al grupo y disfrazar como delito común las razones del arresto de su coordinador. Decían que Otero no era artista, que no tenía permitido hacer lo que hacía. Lo que volvía compleja y contundente la obra del colectivo, que el poder quería presentar como didáctica o gratuitamente escandalosa, era que en última instancia tenía que ver solo con ellos mismos. Se estaban liberando y educando, borrando algunos límites falsos entre arte y política para desplazarse con soltura, o reinventando constantemente los preceptos ideológicos que los habrían convertido en otro grupo escasamente propositivo, apenas comprensible como gente limitada a negar la lógica de acción del gobierno.

En el juicio que no llegó a efectuarse, los testigos de Otero tendrían que demostrarle a la fiscalía por qué lo que él hacía era arte y no profanación o desorden público. Queriendo encontrar en alguna falla estética un delito penal, los censores patentizaban de antemano el valor de la obra del acusado. En última instancia, la pregunta de por qué se trataba de un artista tampoco podía responderse, y esa irreductibilidad lo inscribía ya en una vigorosa tradición interpretativa. Justo porque no se podía responder era arte.

Frustrada en sus propósitos, la policía política necesitaba un cuerpo sacrificial y lo encontró meses después en un miembro del grupo menos conocido: el rapero Denis Solís, negro y pobre al igual que Otero. El 6 de noviembre un policía entró a su casa a acosarlo y él lo llamó «penco envuelto en uniforme». Filmó el altercado con su celular y colgó el video en sus redes sociales. Tres días después, cuando salía a comprar yogurt, lo golpearon y detuvieron en plena calle. En un juicio sumario, sin abogado defensor, Solís fue condenado por desacato a ocho meses de privación de libertad.

Inmediatamente, el MSI lanzó por su liberación una impactante campaña de solidaridad que en menos de una semana se transformó muchas veces. La energía se articulaba a su alrededor en forma de calor, una mancha al rojo vivo en el mapa anémico de la temperatura insular. Quizá fueran los únicos cubanos de la isla que en ese momento estuvieran viviendo en democracia. Algo así le dije a mi novia, en medio de una perspectiva trágica: «Ellos están vivos, los demás estamos muertos».

El 16 de noviembre, en el aniversario 501.º de La Habana, el grupo organizó un evento llamado Susurro Poético, una suerte de peregrinación pacífica colectiva que se detendría a leer poemas en distintos puntos estratégicos como la casa de Solís en Paula 105, la esquina de Compostela y Conde, lugar donde lo detuvieron, la estación policial de Cuba y Chacón, y sitios patrimoniales como la Alameda de Paula o el Convento de Santa Clara, inmueble que recogía la tradición de la protesta cívica nacional.

Justo cuando el Susurro Poético iba a llevarse a cabo, el Tribunal Provincial Popular de La Habana denegó la solicitud de *habeas corpus* presentada por Otero en favor de Solís y reconoció que el recluso se encontraba en la prisión de Valle Grande. El grupo se encerró entonces en la sede del MSI en Damas 955, también la casa de Otero, hasta que una vecina a la que entregaron dinero para que les comprara comida fue interceptada por la Seguridad del Estado, que rodeó la sede y confiscó los bienes. Ese detalle trajo una escalada de resistencia mayor que, para cuando decidí irme a Cuba, no se sabía dónde podía terminar.

El 19 de noviembre, agentes de la Seguridad del Estado vertieron un líquido oscuro, presuntamente ácido, por debajo de la puerta principal y también desde la azotea, muy cerca de la cisterna donde se almacenaba el agua. Cuatro miembros del grupo se encontraban en huelga de hambre y otros tres en huelga de hambre y sed. Las demandas, además, ya no se reducían solo a la liberación de Solís, sino que iban directamente contra el estado de pobreza generalizado y la falta sostenida de libertades civiles, pues

16

exigían el cierre de las recientemente inauguradas tiendas en dólares, una moneda excluyente y prohibitiva para cualquier trabajador, solo alcanzable a través de la industria del turismo o de las remesas familiares desde el extranjero. Era un espectáculo político en tiempo real.

Antes de decirle a mi novia que me iba para San Isidro, también se lo había comentado a las amigas Katherine Bisquet y Anamely Ramos. Ambas me contestaron, un tanto desesperadas en el encierro, que lo intentara a toda costa. Es probable que haya sido esclavo de mis palabras. Hablé solo con otros dos amigos, quería que lo supiera la menor cantidad de gente. Apenas había vuelos. Uno de ellos me sugirió que llegara a Miami lo antes posible y que esperara allí alguna vacante en algún chárter que él pudiera conseguir.

Recuerdo haber salido de Nueva York en las primeras horas de la mañana del 23 de noviembre. Pocas veces me ha embargado un sentimiento de soledad e incertidumbre tan absoluto. Cierto instinto de conservación me pedía quedarme y decidí no pensar más, hacer como si todas las puertas se cerraran detrás de mí y la única opción fuera continuar adelante. Volé de Newark a Miami y me enclaustré en casa de un amigo. No le dije a nadie que estaba allí. Entre la grandilocuencia y el susto, me sentía protagonista de una acción clandestina. Dormí exaltado y en la noche me avisaron que había un vuelo para la mañana siguiente. A la persona que consiguió el tiquete le dijeron que yo tenía un familiar grave en el hospital.

En La Habana, un taxi me esperaba en el aeropuerto para llevarme directo a la sede de San Isidro. También me entregaron un celular nuevo y línea con internet. Viajé con una mochila. Pasé ligero por la aduana, casi corriendo. ¡Había tanta distancia en ese tramo corto que separaba Miami de La Habana! Anamely tenía instrucciones de abrirme la puerta de Damas 955 cuando yo le dijera que estaba a un par de cuadras del lugar. Policías vestidos de civil, agentes de la Seguridad del Estado en cada esquina. El taxi me dejó en la Alameda de Paula. Caminaba nervioso, creyendo que me perseguían, suspendido bajo el sol del mediodía. No me detuvieron, había gente trasegando por la calle, pero la puerta tampoco se abrió. Llegué hasta la otra punta de la cuadra. Miré a todos lados, como buscando algo. No veía a nadie ni nada. Regresé sobre mis pasos, los planes siempre fallan en algún punto.

Justo antes de colapsar, porque no podía quedarme dando vueltas de un sitio a otro sin levantar sospechas, se abrió una puerta, una vecina del barrio quiso entrar y yo sospeché que esa era la sede. Me abalancé detrás suyo y le traspasé mi susto. «¡Soy yo!», grité, «¡abran!» Hubo un revoloteo adentro. Crucé el umbral y toda la energía contenida se descerrajó. El júbilo nos recorrió a todos por un momento. No se sabía bien qué podría hacer yo allí, qué significaba mi llegada, pero enseguida lo íbamos a averiguar. Por lo pronto, ya nos encontrábamos menos solos.

Cargaba unas pocas cosas en mi mochila. Alguna que otra ropa y tres libros: el *Quijote*, un volumen con sonetos de amor de Quevedo y uno de los diarios de juventud de Lezama Lima. Más que libros, se trataba de amuletos. No me llevaba obras para leer, sino objetos que ya había leído, piezas íntimas a las que les daba una importancia capital, dada la situación. Solo necesitaba conversar con ellas a través del tacto.

Vestía un pantalón negro, un abrigo deportivo blanco y unas zapatillas Lacoste también blancas. Una de las acuarteladas empezó a filmar y transmitió en vivo por las redes sociales. Recordaba un verso de Quevedo: «El mirar zambo y zurdo es delincuente». Dije cosas ampulosas, mientras abrazaba a cada una de las personas que padecían aquel encierro. Durante las semanas siguientes, por primera vez en muchos años, fui capaz de escribir varios poemas. La transparencia de un capítulo íntimo en el que practicas algo que no sabes hacer.

VIDA BREVE (I)

Denis Solís González
20 de junio de 1988
32 años

Nace en el barrio San Isidro de La Habana Vieja, Paula 105, la misma calle donde nació José Martí. Su padre sale de Cuba durante la Crisis de los Balseros en 1994. La víspera va a casa de Denis, le regala veinte dólares y de paso lo conoce. Nunca antes se han visto. El padre ha abandonado a la madre embarazada y demora en darle su apellido al hijo, duda que sea suyo. «Dejó el apellido y huyó y se la ganó», dice Denis. «Coronó en Miami y hasta el sol de hoy, más nunca he sabido de él, no sé si está muerto o no. Se llama Ángel Manuel Solís y debe tener cincuenta y pico de años.»

La madre se llama María Regla González y trabaja como limpiapisos en el Ministerio de las Fuerzas Armadas (MINFAR). Viven muy apretados. Hay además seis tíos, sus respectivas familias y la matriarca, su abuela Carmen Scull Suárez, que trabaja en la aduana del aeropuerto y va a morir cuando Denis tenga veintiséis años. «Ella fue muy buena conmigo, la madre principal.» Muchos primos. Broncas y gritos constantes entre algunos de los hermanos. Denis y María Regla comparten una barbacoa en el cuarto del medio, un entresuelo interior que genera un piso adicional. Asfixiada por el hacinamiento, la madre se cuela con su hijo pequeño en varios cuartos abandonados de la zona, pero siempre la policía la expulsa a la fuerza. Denis recuerda uno en la calle Monte y Figura y otro en Aguiar, municipio Centro Habana. A los ocho años se mudan a Alamar, al apartamento de su padrastro, Cristino Varona, un hombre que es chapistero de ómnibus y que luego entra también al MINFAR como mecánico de autos, gracias a la influencia de su esposa.

Ahí viene entonces la hermana menor de Denis. «A mi mamá no le gustaba, todo fue por un techo», dice, «pero llegamos a un lugar peor. El tipo convivía con su madre y sus hermanos. A mí siempre me quería tener fuera, en la calle todo el tiempo, sin alimentarme ni nada. Mi mamá tuvo que fajarse por mí. Cada vez que él no tenía cigarro, la cogía conmigo y buscaba un pretexto para sonarme. Yo no entendía esas metederas de pie, entonces le contestaba y ahí estaba el pretexto. Me daba y abusaba de mí. Un comunista, un buen pionero. Sufrí todos los maltratos posibles.» Cada vez que la madre discute con su suegra, ambos tienen que irse a dormir a la calle. «Con tal de no virar para la casa nuestra, nos quedamos en parques, y una vez en un policlínico. Ella me acostó en una camilla fría hasta la mañana, era una persona testaruda.»

María Regla fallece a los cinco meses y medio de su tercer embarazo por una negligencia médica, cuando Denis tiene doce años. No la atiende ni el doctor de la zona ni la familia de Cristino. Comienza con vómitos severos que le causan una deshidratación. Al principio piensan que son vómitos normales del embarazo. Luego viene la pérdida de apetito, no come ni bebe nada, hasta que sufre una hemorragia cerebral. Denis regresa a La Habana Vieja, y su prima mayor, Leonor Cuba, lo cuida, lo educa y lo regaña como si fuera su hijo. El tío Vladimir también juega un papel importante. En la escuela siempre saca malas notas. «No porque fuera bruto», dice, «sino por el hambre. En las clases yo siempre estaba pensando en la hora del almuerzo, apenas llevaba merienda.» Una vez, que no olvida, va en ayunas, y al mediodía vomita la bilis en el comedor. Ya en el preuniversitario, Denis se gradúa de enfermero con la esperanza de integrar alguna misión internacionalista y reunir algo de dinero, pero lo agarra el servicio militar. Cuando termina, decide trabajar como custodio en los almacenes de la avenida del Puerto porque ahí tendría acceso a la divisa. Dura seis meses. El estímulo mensual son veintiséis dólares o trescientos pesos en moneda nacional, pero nunca lo premian porque a cada tanto lo agarran dormido u olvida firmar el libro de asistencias. Después se convierte en ayudante en la construcción, unos cinco dólares mensuales. Al mes se larga a otra parte.

En 2011 se entera de que en La Habana Vieja existe un grupo opositor nombrado Partido Republicano Cubano. Se tiran fotos con carteles, una especie de puesta en escena, y las envían hacia Miami para que les manden a cambio algún dinero. «Veía esas actividades bien adulteradas, como para engañar al exilio de que nosotros estábamos luchando y que estábamos en las calles y era mentira. Armábamos la carpa un minuto y recogíamos y ya, un teatro. Igual había mucho espía ahí, mucho infiltrado. Cada vez que programábamos un mitin con otras organizaciones, teníamos las motos parqueadas afuera. Me canso de todo eso y me salgo, me tranquilizo por cinco años.»

Entra entonces a una Iglesia pentecostal, pero ya está marcado. Ahí también le parece que lo espían. Alquila entonces un bicitaxi para pasear turistas por la zona vieja, el casco histórico de la ciudad. En principio, pedalea desde 2010 hasta 2015. «Es la única pincha que veía buena, una pincha mata hambre. Yo no tenía libreta de abastecimiento, porque al fallecer mi madre la familia mía me quita de la dirección de Alamar y entonces, al querer pasarme de nuevo a mi lugar de origen, ya no pueden porque La Habana Vieja es zona congelada. Me quedé en el aire desde los trece años, nunca tuve libreta ni me dieron comida, así que no tengo nada que agradecerle a la retro revolución.»

Denis reúne para comprarse su propio bicitaxi. Le cuesta trescientos ochenta dólares. Tiene forma de cuña. Hay dos tipos de bicitaxi, uno donde el chofer va parado y otro donde el chofer va sentado, con el timón largo. Pasa la escuela requerida durante una semana y obtiene la licencia de tránsito, aunque luego no quieren otorgársela. «Me metieron una explicación castro-comunista, que ya aquí no damos licencia porque mañana va a haber más bicitaxis que carros en la ciudad.» En 2016 decide irse para Trinidad y Tobago, cansado de tanto pedalear. Hace una escala en Panamá, busca probar suerte y termina deportado. «Esa gente es estricta con los emigrantes. A mí me descubrieron en el aeropuerto cuando me interrogaron porque tenía un tic nervioso.» Lo llevan a un centro de detención, lo amenazan con una pistola Taser y le logran arrancar trescientos de los quinientos dólares que trae encima. De vuelta, quiere pedir asilo político en Panamá. No se lo otorgan.

Ya en La Habana, piensa recoger su bicitaxi parqueado en la piquera de la avenida del Puerto, calle Cuba, pero la policía empieza a pedirle licencia a los bicitaxeros. Denis se esconde, hasta que un amigo le dice que van a llevarle el bicitaxi. Regresa, discute con un agente del orden. «¡Qué ridículo se veía ese uniformado encima de mi bicitaxi! Le digo: "Papi, ¿no te da pena, asere? Eso es falta de ética, bájate de ahí". Me pregunta si yo soy el dueño del bicitaxi, le digo que sí. Me pongo en tres y dos y ahí me caen en pandilla, me esposan, porque ellos son pandilleros, y me montan en un camión. Les digo: "Oye, esto que están haciendo ustedes les va a costar bien caro, esto va a repercutir". Me dicen: "Deja la amenacita esa, yo sí no creo en opositor ni nada de eso, ¿ok?". "Está bien, dale tiempo al tiempo".»

Denis queda retenido en una estación policial. Tras una larga e infructuosa batalla por la devolución del bicitaxi, decide dar un paso inédito. Su primera manifestación ocurre fuera de la estación policial de Cuba y Chacón. Porta un cartel que dice: «Devuélvanme mi bicitaxi. Abajo la dictadura». Un amigo suyo, encubierto, lo filma. La segunda vez Denis protesta frente al Capitolio, luego frente al Ministerio de Transporte, luego en el parque Fe del Valle de La Habana Vieja, siempre diligentemente reprimido. Con la grabación de su último gesto-protesta, Denis filma el clip de «Sociedad condenada», su primer rap. Lo encierran cuatro días en un calabozo de la estación de Zanja, pero ya se cuela en la parrilla de noticias de medios como Univisión. Para la visita de Barack Obama, en marzo de 2016, Denis inunda su barrio de carteles: «Leche para los niños», «Comida para el pueblo». La policía va a buscarlo y lo saca a la fuerza de la cama de su casa, saben que el revoltoso es él.

La próxima protesta ocurre en el mercado Ejido, acompañado de más colegas, todos víctimas de la pobreza y la desidia estatal. Llegan ambulancias, como doce patrullas. Pasa trece días en un calabozo del Vivac, otra de las prisiones emblemáticas del castrismo. De ahí lo trasladan para Valle Grande junto a seis participantes más de la protesta. Esperan juicio, pero dos meses después los sueltan sin cargos y Denis continúa tranquilo. Empieza a trabajar en la feria de San José, a un lado de la Alameda de Paula. «En el fuego, como se dice, cazando turistas, consiguiéndoles taxis, algún restaurante para comer, lo que fuera. Así ganábamos comisión. Aunque igual la policía me tenía puesto el dedo, sabían mi perfil político, el expediente abierto.»

En 2020, después de cuatro años como guía turístico informal, Denis recuerda que en su barrio hay un movimiento que organiza eventos culturales, exposiciones, y le interesa pertenecer. «Un día me levanté con el moño virado y fui para la casa de Luis Manuel y le pregunté qué hacía falta para entrar a San Isidro. Yo también era cantante, era artista. Luis Manuel me dijo que no hacía falta nada, ni carnet ni matrícula ni nada, increíble. Que si estaba puesto, ya era de ellos, de la familia igual. "¿Estás puesto?" "Más que puesto, bróder." Yo pensé que era un clan cerrado, que más nadie tenía entrada, pero ¿cómo me di cuenta de que no era así? Me encontré a Iliana Hernández con un cartel que decía: "No nos mires, únete". Yo veía a San Isidro activado; en las redes y en los canales de televisión veía cómo los reprimían y me dije: "Coño, esto sí es un grupo sólido, un grupo que verdaderamente está puesto, los míos de verdad".»

A partir de ahí, el carácter explosivo de Denis lo lleva a enfrentamientos cada vez más fuertes con la Seguridad del Estado. Lo atiende un oficial con el sobrenombre de Magdiel. Las llamadas para dizque conversar se suceden cada vez más. Denis le dice: «Mano, primero que todo yo no tengo nada que hablar contigo, porque de hecho tú no eres amigo mío, tú no eres familia mía, ni socio mío ni nada, y yo no sé qué tú tienes que hablar conmigo». En otra ocasión, le propone a Magdiel que, si hay que hablar, lo hagan en la sede del MSI. Entonces le contestan: «Coño, compadre, no seas maricón». Lo empiezan a ofender. Denis responde: «No, maricón eres tú y la resingá de tu madre». Si Magdiel tiene que hablar con él, que venga con una orden judicial. No obstante, Denis tampoco cree en las órdenes judiciales, porque son arbitrarias y a él en ningún caso hay que citarlo. Molesto, el oficial le advierte: «Lo que te voy a meter es alcohol». Tras la amenaza, visitan constantemente su casa para que no pueda salir. El objetivo es que Denis no se integre al MSI. Más citaciones, acoso. Si no responde, estaría cometiendo un delito. «Yo no hablo con sicarios», le suelta a uno que viene en una moto a su cuadra. Denis los ofende, descarga su rabia. «Donald Trump 2020», «Tú eres un comunista», «Tú eres tremenda yegua».

Veinte días de vigilancia, una cámara permanente frente a su puerta, enganchada en la ventana de un hostal para turistas. «Ya ahí», dice, «buscaron el plan B o el plan C, no sé, las estrategias macabras que ellos forman.» Le envían como anzuelo un policía a su casa, uno común. «Estaban rezando para que a mí se me fuera la mano y le metiera un bofetón al tipo, acusarme de atentado y después decir en la televisión que yo estaba preso por drogas o algo así, que era un delincuente. Lo que hice fue ofenderlo con palabras, como sale en el video. Le habían dicho al oficial que se quitara la pistola, el zambrán, todo preparado. Ellos después tuvieron el descaro de ir a mi casa y confesárselo a mi familia.»

El policía entra sin permiso y Denis lo expulsa entre insultos. El video se viraliza. Unos días después, el 9 de noviembre, decide salir a la calle a comprar yogurt. Aparentemente nadie lo vigila. A las dos cuadras, en la esquina de Conde y Compostela, un carro frena detrás suyo a toda velocidad. Empieza a correr, pero se bajan tres tipos del Lada y lo persiguen. Magdiel observa desde una moto. Denis está en chancletas, se resbala, lo muelen a golpes. Un anciano exige que no le den. Nadie le hace caso. Menos en la cara, le caen patadas y puñetazos en el resto del cuerpo. Lo agarran por el cuello, medio lo asfixian. Lo cargan entre varios y lo doblan. Dentro del carro Denis defeca porque le falta el aire. «Al que me agarraba por el cuello lo toqué con mi mano izquierda para decirle que me estaba asfixiando, pero el que iba adelante se percató de que tenía una mano libre y me neutralizó y me partió los dedos.»

En la estación de Cuba y Chacón, lo sacan del carro por los pelos y lo arrastran hasta la celda. Lo siguen golpeando frente a los otros detenidos. «A esa hora todo el mundo se aglomeró para ver cómo me mataban. El que estaba en la laptop dejó la laptop, el que estaba en el buró dejó el buró, y resulta que se aparece Paloma, el oficial que había entrado a mi casa, y le veo la satisfacción en los ojos. Fue tanta la golpiza, como si fuese un saco de boxeo, que tuvo que bajar la coronel jefa de todo el lugar a decirles que pararan. Yo estaba casi desmayado.»

Son las cuatro y cuarto de la tarde. Lo colocan contra una pared. Las esposas le cortan la circulación de la sangre. Un policía lo agarra por el pelo y le dice a otro: «¿Cómo lo llevamos? ¿Incómodo o normal?». «Incómodo», escucha Denis. Lo suben a otro carro y lo conducen al Vivac. Las amenazas continúan. Bromean con quitarle los tatuajes en la prisión. Un teniente coronel se burla de él: «Lobo no, lobita». El 11 de noviembre en la mañana, vestido de gris y aún descalzo, con heridas en los pies, le celebran en cuestión de horas un juicio sumario en el tribunal de Monte y Figura. A su lado, el policía intruso testifica en su contra. La jueza se vuelve hacia Denis y le pregunta si va a decir algo. «Lo único que voy a testificar es que el que tiene que estar vestido de gris es el que está al lado mío, que cometió allanamiento de morada.» Nadie lo escucha. Por el delito de desacato lo condenan a ocho meses de prisión.

EFEMÉRIDE

En la noche del 25 de noviembre, representantes de Salud Pública me hicieron llegar la información, a través de los vecinos, de que mi test de coronavirus en el aeropuerto había dado inhibido o alterado –no positivo– y que debían repetírmelo antes de la medianoche en el policlínico de 5ta y 16, reparto Miramar. Si no lo hacía, irían a buscarme. Ninguna autoridad pudo avisar directamente, porque para ese entonces ya la empresa de telecomunicaciones había cortado mi línea de celular, tal como en algún momento le sucedió a los demás. Las maneras en que lográbamos seguir conectados a internet solo pueden entenderse como ejercicios de malabarismo: quitar y poner tarjetas y más asuntos técnicos que yo apenas comprendía. Por otra parte, los aparatos de propaganda oficialista empezaron a fabricar el caso político desde antes de cualquier evidencia médica, acusándome sin pruebas de incumplir protocolos sanitarios.

Omara Ruiz Urquiola, una mujer de cuarenta y siete años, organizaba la vida en el encierro y marcaba con serenidad buena parte de las pautas a seguir. Horas antes del desenlace me dijo que de alguna manera estábamos ganando. Lo sentí como si alguien me pasara el brazo por los hombros. Es difícil traducir por qué creíamos que estábamos ganando, pero tenía razón. Palabras dichas dentro de un espacio cerrado. Las paredes impedían por completo la circulación de la realidad.

A Omara, profesora del Instituto Superior de Diseño de La Habana (ISDI), la habían expulsado de la universidad por sus labores como activista por los derechos humanos. Si alguien entre los acuartelados conocía el mecanismo de las huelgas de hambre y sed, era ella. En el verano de 2018, su hermano Ariel Ruiz Urquiola, doctor en Ciencias Biológicas, fue sentenciado en un juicio sumario a un año de privación de libertad por un supuesto delito de desacato y protestó y defendió su inocencia negándose a comer y beber.

Un par de meses antes, los guardabosques habían entrado a la finca de la familia en la Sierra del Infierno, al occidente del país, y Ariel los llamó «guardia rural». Así era conocido el cuerpo del orden de los campos cubanos anterior a la revolución de 1959, acusado de múltiples abusos y desalojos. En 2015 Ariel había comprado una casa en la zona y pedido al Estado unas tierras en usufructo para sembrar frutales y café, pero luego comenzó en su finca un proyecto más ambicioso de repoblación forestal y preservación de especies autóctonas del lugar.

Los guardabosques, que cazaban jutías con trampas ilegales y criaban cerdos asilvestrados que destruían los cultivos y contaminaban el agua potable, le mataron varias reses, le robaban las frutas y el gobierno no incluyó la finca en el proyecto de electrificación de la zona. En realidad, Ariel se había convertido en un objetivo del poder desde 2008, cuando reveló en un simposio internacional los resultados de su tesis de doctorado y demostró que el Ministerio de la Pesca cubano cazaba tortugas en peligro de extinción. Al comienzo de su tesis, podía leerse una cita que lo definía con exactitud: «La diversidad genética significa para las poblaciones silvestres lo mismo que la Libertad para el *Homo sapiens*. Un *Homo sapiens* sin pensamiento es víctima de las circunstancias y con pensamiento lo es de sí mismo, es más libre».

Finalmente, una comisión médica subordinada al Ministerio del Interior decidió liberarlo bajo una licencia extrapenal luego de diagnosticarle «síndrome afectivo ansioso depresivo». Con quince kilogramos menos, Ariel tuvo fuerzas para declarar que sus parámetros fisiológicos seguían normales, a pesar de varios días de penitencia, y que no había en él rastro alguno de depresión. «Me siento cerca de mi cuerpo, después de haberme sentido lejos y de haber llegado incluso a despreciarlo en algún momento de mi huelga, cuando ya no respondía como yo quisiera que hubiese respondido.»

Ingresado su hermano en la cama 26, sala K del Hospital Abel Santamaría en Pinar del Río, Omara tenía que recorrer en las visitas un pasillo estrecho custodiado por militares y atravesar varias puertas y rejas carcelarias. Si no la dejaban entrar, como también sucedió, se comunicaba a los gritos. Había una foto en la que Omara —sandalias de cuero, blusa blanca, pañuelo rojo en la cabeza, un bolso azul a su lado— descansaba en el suelo del hospital bajo unas ventanas semiabiertas, las manos cruzadas sobre las piernas. Parecía completamente desamparada, y lo estaba, pero su rostro no albergaba expresión alguna de derrota.

Diría que esa misma entereza la acompañaba cuando la conocí. «Hoy no van a hacer nada», me dijo. «¿Por qué?» «Es aniversario de muerte de Fidel.» Cierto, lo había olvidado por completo. No hablamos mucho más, me acosté en mi cama improvisada y miré al techo.

Aún podía recordar las manos de Castro. Eran muy blancas y sus dedos muy largos, como de brujo. Sus dientes eran amarillos. Yo tenía diez años y estaba muy nervioso. De pie frente a un micrófono, él frente a otro. Su uniforme, sus botas, su zambrán. Me preguntó qué quería estudiar de grande y le dije, por decir algo, que médico. Se alegró, le gustaban los médicos. Era lo que más le gustaba, su carta de presentación.

Estábamos en televisión desde mi escuela primaria, en cadena nacional para todo el país. Hablamos un par de minutos. El resto de los pioneros escuchaba con atención, también las maestras, quienes tenían el mal gusto de reprender si uno decía algo fuera de tono delante de las visitas. Pero yo no dije nada demasiado atrevido. Me abrazó y creo que me besó. Lo quería mucho, tanto.

Tiempo después, el 31 de julio de 2006, me encontraba en la sala de la casa de mi padre cuando interrumpieron la transmisión televisiva. Un presentador hosco anunciaba que Fidel Castro había enfermado y que su vida peligraba. Mi padre había hecho un largo recorrido para llegar hasta esa noche. Creció en una casa de guano con piso de tierra, se fue a Angola de misión internacionalista, se graduó de Medicina y ahora fumaba, aplastaba el tabaco en el cenicero y se hundía en el asiento y lloraba.

La imagen me resultaba impresionante porque lo único que se movía en su cuerpo eran las lágrimas. Todo él un músculo tieso, comprimido, que de repente se empezaba a desbordar, como un corte mínimo y elegante en la piel. Intenté imitarlo, hice pucheros, pero no había nada en mí que pudiera ser vertido. Me mojé los dedos con saliva y me embarré los lagrimales con disimulo.

Nadie como Fidel Castro logró abrir una distancia tan insondable entre su nombre y su apellido, entre las cargas semánticas de ambos. Partió su país a la mitad, y hubo gente que se cobijó en su nombre, hubo gente que se exilió en su apellido, y hubo gente que se fue por el despeñadero. Los acuartelados de San Isidro veníamos de ahí, de esa fractura. Se trataba de alguien que en noventa años tuvo muchas muertes y sobrevidas. Fue, sucesiva y a veces simultáneamente, el guerrillero romántico, el nacionalista revolucionario, el campeón del pueblo, el líder carismático y mesiánico, el estadista audaz, el marxista convencido, el caudillo latinoamericano de fusta y espuela, el estalinista feroz, el dictador megalómano.

Aquella noche de 2006 moría el peor Fidel Castro de todos, un gobernante obstinado y diletante, y nacía el más inofensivo, una sombra decrépita que se gastó los últimos diez años de su vida física trazando –con la misma voluntad de hierro de todas sus empresas– la caricatura de sí mismo, publicando panegíricos y galimatías tragicómicos en las páginas de la prensa nacional.

Zarpaba definitivamente el 25 de noviembre de 2016, justo sesenta años después de que el yate *Granma* partiera de las costas de Tuxpan, México. Si la profecía se cumplía, iba a pasar siete días en el mar de la muerte y luego tocaría tierra en algún lugar. Cada cual enterró entonces al Fidel Castro que debía y deseaba enterrar, pero quien único fallecía, muertas ya todas las figuras anteriores, era el anciano consumido y encorvado, con los ojos hundidos, la mirada vidriosa y el peso insoportable de sus cadáveres encima.

Mi madre, llorosa, me dijo que la noticia la conmovía, y me pidió que no escribiera nada sobre él. Un parlamento que capturaba el drama cubano porque en él convivían tóxicamente la devoción al líder y el miedo al represor. Pero el artificio de la emoción pasaba, y el miedo quedaba, el temor uniforme y genuino.

Me sentí razonablemente bien, o aliviado, cuando el primer aniversario me sorprendió en Badhoevedorp (pueblo de nombre impronunciable en la periferia de Ámsterdam), metido desde la medianoche en un bar de veinteañeros rubios envueltos en humo, que bebían Heineken y fumaban marihuana legal, niños un tanto rurales que no tenían la menor idea de quién era Fidel Castro, ni tampoco parecía que lo fuesen a saber algún día. Afuera, un canal helado de aguas negras. La temperatura rozaba los 5 °C. De camino al hotel, crucé los jardines de invierno y las casas de ladrillos rojos y techos triangulares con chimeneas encendidas. Detrás de los cristales descubiertos, las parejas de ancianos jubilados miraban en la televisión las noticias en neerlandés. Todo vacío y húmedo, de una perfección siniestra. Un puente de hierro, un molino de viento. Por la calle caminaba un hombre, yo. Desde aquel sitio, Cuba no era algo que pareciera existir.

Ahora, en cambio, me encontraba de nuevo en la boca del lobo. En los medios de propaganda nacionales, la fecha difícilmente remitía ya a la partida del *Granma*, cuando Castro estaba a punto de convertirse en guerrillero, pero todavía no lo era. Desde la propia jerarquía de hechos impuesta por el oficialismo, el dictador se devoraba a sí mismo, su muerte se tragaba su lejana juventud. La memoria de la revolución elegía premiar la consagración totalitaria, el acta biológica de fallecimiento, antes que el pasaje aún ambiguo de la gestación, el instante, forzosamente temprano, en que cabía la posibilidad de que los guerrilleros principiantes fuesen destruidos en algún suceso fuera de los límites históricos.

Esa es una obsesión de las revoluciones: mutilar y finalmente borrar las otras probabilidades que habrían anulado su propio estallido o que auguraban un curso distinto para ellas mismas, cualquiera que este fuere. La sombra de Fidel Castro sobre el tiempo de Cuba abarcaba tan insana cantidad de años que había terminado produciendo eventos superpuestos con los que podríamos aventurar algunos axiomas: a) Un hombre que en una misma fecha genere dos efemérides, con un lapso de diferencia de sesenta años entre una y otra, es un dictador; b) entre dos hechos coincidentes, la dictadura siempre va a premiar su suceso por delante del suceso de la revolución; c) una revolución no dura lo suficiente como para generar dos efemérides en una misma fecha.

Los primeros compases de muerte habían sido, en su sentido oficial, tan rematadamente idénticos en sus fundamentos a cualquiera de los últimos veinticinco años en Cuba que podía pensarse que Castro aún vivía o bien que había muerto desde mucho antes, siendo las dos variantes, por otra parte, verdaderas.

El trovador local Raúl Torres, inspirado, cantaba:

> Veré cómo crecen tus nietos,
> les contaré tus historias, tus retos.
> Pero me resulta difícil
> contarles sin tu imagen tan pura
> esculpida por manos, ternura,
> en los parques al lado de Martí.

Lo único que una figura internacional de tanto peso había podido conseguir tras su muerte, en el bazar de la lírica, era la quintaesencia del cantautor de provincia. «Toda apología debería ser un asesinato por entusiasmo», decía Cioran. El trovador de turno lo cumplía. No había que matar el cadáver de Fidel Castro porque los fidelistas se estaban encargando de ello. Una transgresión desde la euforia, una disidencia del frenesí. Castro prohibió las estatuas inspiradas en él, así como el bautizo de calles y establecimientos públicos con su nombre, y por primera vez los súbditos más obedientes y estentóreos experimentaban la represión castrista. El trovador confesaba cuán difícil era no encontrarse con ningún monumento del líder en ningún parque municipal.

Las celebraciones, el culto de la propaganda, buscaban constantemente reactivar la emoción, injertar la primera efeméride en el corazón de la segunda, una larga fecha invicta que cumplía años todos los días. El único propósito del tiempo transcurrido desde su muerte hasta ahora parecía haber sido justamente garantizar que no sucediese nada para que ambos eventos se confundieran o se amalgamasen hasta que el aniversario, repetido *ad nauseam*, fuera más que la muerte, el símbolo vaciando al hecho, el homenaje idéntico al duelo.

Lo que el castrismo necesitaba hacernos creer era que Castro entró en La Habana ayer, y que también ayer murió. De esa manera, después de su larga convalecencia, el castrismo requería ya, en efecto, que Castro falleciera. Los especiales de televisión, los poemas, los poetas, los trovadores, los actos políticos y las galas culturales eran el núcleo del sistema. El líder, un pretexto. El totalitarismo vivía de conmemorar.

VIDA BREVE (II)

Luis Manuel Otero Alcántara
2 de diciembre de 1987
32 años

Nace en el municipio Cerro, La Habana, en la calle Romay 57. Su padre, Luis Otero, conocido como Chala, pasa en la cárcel buena parte de la infancia de Luis. Es un hombre alcohólico, que muere poco antes de que Luis cumpla los veinte años. Su madre, Carmen Alcántara, tiene otros tres hijos menores, y termina igualmente alcohólica. Trabaja como funcionaria en las oficinas de Vivienda de su comunidad y por ahí consigue una casa en Consejero Arango 210, muy cerca del lugar donde primero viven, bajo el techo abarrotado de la abuela, junto al resto de los tíos, primos y hermanos.

Hay mucha violencia doméstica en la infancia de Luis, golpes del padre a la madre, golpes del padre a los hijos. Tanto Chala como Carmen atacan su afición por el arte. Le gusta la escultura, construye sus juguetes de madera. Aun así, el instinto de protección de su madre con los hijos es algo que él siempre va a recordar. Cuando ella encuentra un nuevo marido, el hermano de ese marido,

Énix Berrío, pasa a convertirse en una figura tutelar para Luis. Le regala sus primeros libros y catálogos de arte y lo lleva a casa de Nicolás Alaya, un pintor de La Habana Vieja, veterano de la guerra de Angola, casado con una mujer, pero homosexual. El barrio cree que en esa casa se reúne lo peor, artistas y maricones. Sin embargo, Chala conoce a Nicolás y permite que su hijo lo visite.

Por otra parte, Luis empieza a practicar deportes para compensar ante los ojos de la familia su afición artística. Destaca rápidamente en carreras de resistencia, perezosa alegoría de lo que va a ser su vida. A veces entrena solo con un pedazo de pan y un vaso de agua con azúcar en la barriga, hasta que, previo a una competencia importante en Santiago de Cuba, ya adolescente, se faja con un compañero. Concluye ahí su etapa de deportista, aunque luego entra en la universidad a estudiar Cultura Física. Abandona la escuela en tercer año, a esas alturas no hay lugar para otra cosa que no sea el arte.

En algún momento conoce al galerista Samuel Riera, y entre él y Nicolás Alaya venden las primeras obras de Luis en ferias de artesanía para turistas. Cien dólares por pieza, a veces un poco más. En 2011, en una galería municipal, Luis presenta una instalación sorprendente llamada *Los héroes no pesan*, veinte esculturas de madera que versan sobre las mutilaciones y los traumas de las víctimas y los veteranos de guerra. En ese material primero quedan planteadas sus obsesiones estéticas y también políticas: representar a las clases subalternas, atravesar con íconos precarios el relato de la resistencia, torcer los residuos y entregarles una figura, obsequiarles un segundo aire a las formas desechas. Son piezas inconclusas cuya fuerza expresiva viene de la misma contingencia de la imagen, la laboriosidad de las manos encontrándole un concepto oblicuo a los instrumentos y materiales de la supervivencia. La batería de objetos muertos escapan del trasiego utilitario y a la vez el artista se libera a sí mismo del purgatorio social. Halla una abundancia en la precariedad, pero no la sublima, sino que la usa para generar un lenguaje que denuncia desde su propia puesta en escena, antes de construir ningún sentido.

Luego emplaza arañas, elefantes, libélulas y unicornios desafiantes fuera de las instituciones culturales de la ciudad o cerca de las esculturas de artistas consagrados que ocupan el espacio público. Con los años, esas piezas expuestas sin permiso van a ser sustituidas por su propio cuerpo, pero manteniendo un propósito principal. No se trata de alguien expulsado de la institución, sino de alguien que nunca fue admitido. Al entregarte la técnica, la institución te aleja de la calle y el cuerpo, y quien se roba la técnica y la descontamina, tras entender que semejante regalo trae también un mecanismo de sujeción política, se convierte directamente en un desplazado, aunque Luis ni siquiera tiene la opción de subirse a ese carrusel. Su merodeo por los márgenes del fortín estatal, y de los espacios privados permitidos por el gobierno, no es el merodeo de un desterrado, sino de alguien que sitia la plaza.

De la madera, Luis pasa a concebir esculturas amarradas de papel, palitos sujetos con tela, y hacia 2012-2013 emprende dos procesiones importantes, acompañado de sendas figuras gigantescas del panteón yoruba y el sincretismo nacional, ampliamente adoradas por la mayoría de los cubanos: Babalú Ayé o san Lázaro, la deidad de los enfermos, el guardián del cementerio, y la Caridad del Cobre, santa patrona de la isla. En 2016 lanza el proyecto conocido como Museo de la Disidencia, un espacio líquido e itinerante que recorre la historia de Cuba para rescatar cada persona, movimiento o hecho que se haya enfrentado al poder político en funciones, desde la colonia española hasta el presente castrista. Ahí es finalmente admitido dentro de los circuitos de arte local. «Gané la beca de una galería importante y dejaron de verme como el negrito intruso. Todos me empezaron a descargar de la noche al día, ya no era el infiltrado, ya era uno de ellos», dice.

A comienzos de 2017, la web del Museo de la Disidencia presenta un blog con fragmentos de textos literarios, teatro decimonónico, documentos de política cultural y eventos de censura que descomponen un tanto la identidad disidente, tratan de averiguar de qué se trata. El proyecto lo enfrenta por primera vez a la Seguridad del Estado, un duelo que en adelante va a crecer hasta ocupar su vida entera. Su obra, en ese instante, se vuelve ya completamente performativa.

Un par de meses después, durante la primavera, el gobierno inaugura en el corazón de La Habana el lujoso Hotel Kempinski. En el portal del edificio, anteriormente conocido como Manzana de Gómez, hay un busto del líder comunista Julio Antonio Mella, una de las pocas figuras de la República que la Revolución rescata para su panteón sesgado, teleológico. Pero, en un gesto extremadamente significativo, la pieza desaparece y en su lugar irrumpen varias tiendas exclusivas con artículos Armani, Lacoste, Montblanc, Versace, relojes Bulgari y cámaras Canon de casi ocho mil dólares. Esa exposición opulenta, desde luego, atrae a muchos curiosos que durante días se agolpan en las vidrieras, desconcertados con los precios, pensando quién sabe qué.

En una imagen muy publicitada se ven tres niñas, tres mujeres y tres hombres. Negros, blancos, mulatos. Toman fotos hacia adentro y alguien desde el otro lado los capta a ellos. De golpe, parece un error suponer que esa tienda no es Cuba, que se trata de una anomalía, una rareza o una exclusividad, cuando esa tienda, de hecho, recorre de manera silenciosa la ciudad y comienza a tragarse todo con la complicidad de los políticos, los militares y los periódicos. Los cubanos quedan colgados, sin propiedad en la mano, literalmente fuera de territorio, mirando con asombro un sábado en la mañana cuán caro cuestan las cosas en el mostrador del socialismo. Aprovechando esa brecha, Luis se planta en el mismo lugar donde se encontraba antes el busto del héroe. Trae una caja en la cabeza con el rostro de Mella impreso por cada cara, la ropa encartonada como una estatua viviente, y se pregunta, sereno, qué han hecho con el líder comunista, dónde lo han metido.

«Mientras yo tenga ideas voy a seguir puesto y voy a seguir echándola. Es lo único que le pido a lo divino, que me manden ideas nuevas. El régimen sabe que la creatividad los funde. Creo que el día que ya se me vaya la cabeza, y no se me ocurra algo creativo, ahí sí me tiro para la calle y me pongo con un cartel afuera de Villa Marista para que me echen diez años, cinco años y me ponga viejo.» Ese desprejuicio multiplica los significados de sus apuestas y lo vuelve al mismo tiempo un cliente asiduo de los calabozos habaneros. El control aumenta y el reto también, pero en cuanto lo liberan vuelve a integrarse de inmediato al circuito social.

«Creo que la soledad es un concepto abstracto», dice. «Uno puede estar rodeado de muchas personas y sentirse solo. Yo no me siento solo, pero no me gusta creerme cosas, no me creo cosas. Yo tengo mi dosis de todo lo bueno y todo lo malo y con eso voy lidiando. Desde niño siempre me interesó la fama, tener dinero, también ayudar a la gente, y una cosa no se contrapone a la otra. Ser famoso, tener dinero, ser *fashion* y estar en buenos lugares me da el reconocimiento, y ese reconocimiento me da a la vez poder político, por llamarlo de alguna forma. A la vez, incidir en la gente también me da ser *fashion*.»

41

Casi siempre presente en las reuniones o fiestas de arte, Luis practica entonces un tipo de inteligencia sutil. No permite que su cruzada personal lo aleje de la trama de la comunidad a la que pertenece. Se planta delante del temeroso, del dubitativo, del que preferiría reducirlo a una expresión simbólica y distante de la desobediencia. Pero no juzga, se limita a actuar, a ser quien es, excéntrico y gregario, entregándose a la tolerancia y la comprensión del otro, expresiones inusitadas entre las personas al límite que padecen cárcel y represión.

Con el dinero de algunas obras vendidas logra comprarse en 2017 la casa de Damas 955, en el barrio San Isidro. Ya ha tenido dos hijos, varias novias. Su vida íntima, dentro de todo, no se conoce tanto. No parece esconderse para nada, pero justo eso lo oculta. Viaja a París, a Ciudad de México, a Buenos Aires. Cualquiera tiene una opinión sobre él. La Seguridad del Estado publica unas fotos privadas suyas, en las que aparece desnudo, practicando juegos sexuales que el poder califica como típicos de maricones. La solidaridad que recibe lo blinda de un modo inédito. Dice, en una transmisión en directo, que sí, que es riquísimo meterse cosas en el culo, que prueben para que vean.

Sus performances se suceden durante los meses siguientes, ahora con la nueva casa como puesto de mando, y lo preparan de alguna manera para encabezar la pelea cívica contra la implementación del Decreto 349. Planea un performance frente al edificio del Capitolio, pero al final lo realiza la curadora Yanelys Núñez, porque a él se lo llevan preso. Ya la policía política lo trata como el miembro que hay que amputar antes de que propague su enfermedad por el resto del organismo. Se convierte un poco en el chivo expiatorio que aguanta el golpe y permite que la censura y la represión no se desparramen sobre otros actores de la sociedad civil, incluidos quienes se empeñan en desconocerlo. Su cárcel empieza a pagar la libertad del resto. Recibe el aplauso de muchos, pero también no pocos escupitajos.

«El ego en este caso contribuye a tener más reconocimiento y más incidencia en la realidad», dice. «Yo no tengo ni quiero total apoyo, y siento que hay mucha gente que cree en la obra de uno, que escucha el discurso de uno, que aprenden y quieren a uno. Yo pienso que esto tiene más que ver con la talla afectiva, con el amor. No todo el mundo me descarga, por suerte, y ahí es donde uno aprende también. En esa falta de apoyo es donde uno aprende y donde uno no se siente Fidel Castro, así como todopoderoso, todo lindón, aparte de que yo no soy así.»

En 2018 funda el Movimiento San Isidro y empuja un movimiento de desobediencia que evita al menos de manera directa la implementación actualizada de los mecanismos de censura en el ámbito de la cultura. Su comida preferida son, como le llama, «los bichos del mar». El pulpo, la langosta, los ostiones y el camarón.

La puerta de la casa crujió como un hueso fracturado, emitiendo el sonido de la desgracia. Se astilló la madera y las dos alas de la entrada, sujetas tímidamente por una cadena y un candado, se vinieron abajo. Como un escuadrón SWAT artesanal –menos fornidos, desorganizados, tratando de adaptarse a la coreografía de las muchas idénticas películas gringas–, más de una decena de mujeres y hombres de la Seguridad del Estado entraron disfrazados de médicos sanitarios a Damas 955 y detuvieron de manera forzosa a las catorce personas que allí estábamos. Mi entrada sorpresiva fue la excusa utilizada por las fuerzas del orden para ejercer la violencia. «No queremos hacerlo así», dijeron a manera de trámite antes de romper la puerta. «Así es como ustedes lo hacen», contestamos. Me acusaban, en efecto, de haber violado las medidas sanitarias contra la propagación del COVID-19, a pesar de que yo había ido directo desde el aeropuerto hasta el lugar de la protesta y había permanecido en aislamiento seguramente más que ningún otro viajero de mi vuelo y más que cualquier viajero en general de los que hubiera entrado a Cuba recientemente.

Hay quien cree que, con pinta de turista distraído, logré colarme en Damas 955 porque el cerco policial no esperaba una jugada así. Otros aseguran que la policía política conocía mis intenciones, mi viaje desde Nueva York vía Miami, y permitió que la entrada sucediera sin obstáculos para utilizarla a su favor. Nadie sabe todavía, y no creo que vayamos a saberlo alguna vez, de qué forma ocurrió. A veces la máquina de vigilancia es tan torpe que se vuelve eficaz, a veces es tan eficaz que se vuelve torpe. Me vi en una encrucijada aparente que resultó ser falsa. Si salía de casa, podrían diagnosticarme positivo al COVID-19. Bajo la excusa de propagación, desmantelarían la protesta, entonces iba a parecer que yo había burlado el cerco de San Isidro con la complicidad del régimen, actuando como un peón suyo. Una sospecha de ese tipo arruina para siempre la integridad moral de cualquier cubano y es una de las técnicas predilectas y más efectivas de la Seguridad de Estado: instalarse en la conciencia colectiva; hacer creer que están en más sitios de los que están, porque así, justamente, se aseguran su presencia multiplicada; que cada quien sospeche del otro a las primeras de cambio y que nos lancemos incesantes acusaciones de soplones sin evidencia alguna. Es particularmente eficiente la manera en que esa lógica de control alcanza el éxito a través de su pésima reputación y construye su capital sobre la base de su propio desprestigio. El poder sabe que mancha y que destruye la reserva civil de alguien si llega a convencer a los demás de que ese alguien les pertenece.

La otra opción que me quedaba, y que prefería, era permanecer dentro de San Isidro, aunque igual fueran a buscarme y de paso se llevaran a los demás. Por un momento, me cuestioné profundamente haber ido hasta allí, me sentí un estorbo, pero ese mismo día, un poco antes, Luis Manuel me había dicho que decidía deponer su huelga de sed, mucho más terrible y destructora que la de hambre, por el apoyo que venía desde afuera, y porque yo había volado desde Nueva York y el resto de sus compañeros de la protesta se lo pedían con gestos y preocupación constantes, aunque respetaran su postura. El cambio de huelga de sed de Luis, quien fue el único que mantuvo sobre sí un castigo de ese tipo junto al rapero Maykel Osorbo, no se debió solo a un alarido físico terminal, sino que esa súplica del organismo al límite parecía venir también en forma de reflexión.

–¿Hay diferencia entre las huelgas de hambre y sed? –le pregunté, agachado a su lado. Luis descansaba en una colchoneta delgada. Llevaba una especie de trapo envuelto en la cintura, nada más. Recordé un cuadro: *San Pablo Ermitaño*, de José de Ribera. Pero ahora un ermitaño negro, ulterior.

–La diferencia es muy grande –dijo–. Ves cómo el cuerpo se va consumiendo y consumiendo, lo ves desde adentro, empieza a sobrar la piel. Yo metía los pies en el agua...

–¿Eso para qué?

A veces se sentaba en una silla, los pies en una palangana, los codos apoyados en los muslos, cabizbajo en un rincón de la casa.

–Me daba el deseo, pero hay un momento donde ya no quería ni que me tocaran, ni ducha ni nada. Era algo para refrescar, no sé, me sentía bien con eso. El cuerpo se me iba, sientes la necesidad del agua, lo que significa, porque el setenta por ciento de tu cuerpo es agua, y tú ves cómo te vas secando, literalmente. Por eso el tema de meter los pies en el agua. El cuerpo se humedecía y había como un engaño ahí en la cabeza. Pero hay un punto en que ya, porque tú no eres una planta que va a coger agua por los pies.

Los ojos de Luis, expresivos y negros, habían recuperado su agilidad y borraban parte de su condición fantas-

47

magórica, dándole un segundo aire a la disolución. El corte triangular de sus pómulos se había acentuado por el cincel del hambre, que los rebajaba minuto a minuto, como quien busca tallar un retrato de huesos.

—¿Qué sentías justo antes de dejar la huelga de sed?

—Ganas de vomitar, muchos dolores en el estómago. Porque una cosa empieza a comerse a la otra. Y en los músculos, pero sobre todo en el estómago. La última noche dormí muy bien. Es como que el cuerpo me dijo: «Duerme, viejo, descansa. Ya no vamos a luchar contra nosotros mismos. Ya». Esa noche soñé y todo. No recuerdo qué, pero estaba en un edificio, y había alguien conocido. Yo pude incluso haber aguantado dos días más, o uno.

A veces, cuando le entraba frío, un frío que nadie que no estuviera en huelga de hambre y sed habría podido sentir en La Habana a fines de noviembre, se envolvía en una sábana blanca. Quizá la huelga de sed pueda definirse como una fiebre de invierno.

Nos quedamos callados por un momento. Luego Luis siguió:

—Yo podía haber simulado un buche de agua, pero esto es real, no un performance. Podía haberme dado un buche de agua, filmar y ya. Y lo otro es que en la medida en que tú vas bajando, todas las energías que están alrededor tuyo también bajan.

—Ahí te decidiste.

—Los órganos empezaron a decir: «Mira, yo ya no puedo funcionar tan bien como este otro». Los pies se levantaban y caminaban, pero era mecánico todo. El corazón me dijo: «Yo soy autónomo ahora mismo, tengo que luchar por mí». Son las imágenes que tengo en la cabeza. Los órganos empiezan a independizarse y cada uno dice: «Espérate un momento, tengo que salvarme primero que tú». El riñón contra el hígado, este contra aquel. Pero cuando regresas a la vida real, todo eso está integrado, y ya uno le pasó por encima al otro.

Imaginé los órganos de Luis combatiendo débilmente entre ellos, exhaustos en su cuerpo seco, padeciendo el sol de su determinación política. El barrio, la voz, los amigos, la casa, su arte. Cada una de estas cosas había sido anteriormente ultrajada, estrujada, muchas veces destruida en un sentido material. El pudor que la dictadura no sentía ante la repetición de la farsa recaía al cabo en el individuo, que cargaba consigo la responsabilidad de establecer una parábola con el conjunto de hechos inservibles que eran por sí solos la injusticia y la opresión.

Arguedas, suicida peruano, decía: «He luchado contra la muerte o creo haber luchado contra la muerte, muy de frente, escribiendo este entrecortado y quejoso relato. Yo tenía pocos y débiles aliados, inseguros; los de ella han vencido. Son fuertes y estaban bien resguardados por mi propia carne». La muerte no venía a ti, ya estaba dentro, tú mismo la protegías; semilla sembrada en la maceta del cuerpo que uno regaba con vida.

La policía política, cuando escarbaba en el cuerpo, escarbaba en la tierra. Pero la misma semilla que nos entregaba la conciencia de la muerte nos entregaba también los deseos de redención, los cotos de vida. Cuando el poder buscaba el germen de la protesta y no lo encontraba, es decir, cuando esa semilla permanecía intacta, escondida, entonces el poder involuntariamente ayudaba a cultivarla. Habiendo de todo en ella, había igualmente en la muerte un gesto moral. Otero se avergonzaba de que se lo llevaran cada día, que su barrio siguiera en pánico y que su molestia se vaciara de sentido.

—¿Y qué más?

—Lo otro es la relación con la muerte, yo no le tengo miedo. Para mí es más compleja la vida que la muerte. Esa relación de darle sentido a la vida, echarle gasolina de nuevo y que siga andando y andando. Recuerdo que Yasser estaba sentado ahí, mirándome. Yasser es un tipo súper light, tranquilo, y me miraba con los ojos abiertos así como si me dijera: «De pinga, te estás yendo».

Yasser Castellanos, que estuvo en huelga de hambre treinta horas, es un hombre extremadamente pacífico, vegano y defensor de los animales. Meditaba mucho tiempo en su sitio, hablaba pausado, en susurros, y componía algunas barras de hiphop. Su actitud dialogaba con el monje budista de cerámica que descansaba en un altar al lado de la puerta de entrada, junto a una santa Bárbara imponente, un san Lázaro misericordioso, una catrina mexicana y más íconos irreconocibles por mí. Tal era la flema de Yasser, que no parecía encontrarse en medio de una revuelta política, sino en un retiro tibetano.

La protesta tenía una composición casi babélica, que, sin embargo, alcanzaba el entendimiento desde la resistencia. Había un caos divertido en los comportamientos y una armonía en los afectos proveniente del sentido de la justicia. A pesar del aura de la muerte y la tensión del cerco, Damas 955 reunía un aleteo de voces y tonos distintos, integrados por el hartazgo político común. A mí me pareció que volvía a la beca de la adolescencia, sujeto de nuevo a las leyes propias de un ámbito precario pero altruista.

Había que bañarse y descargar la taza con cubos. El agua se sacaba de una cisterna. La ropa se tendía en los cables del patio, cerca de una pared lateral. Quienes no estaban en huelga tenían que comer apartados de los huelguistas y la comida se hervía o se cocinaba con el mínimo de sabor, para evitar tentaciones y sufrimientos. Los rincones y huecos debajo de las escaleras estaban llenos de trastos y desorden. En el piso de arriba había una gallina que picoteaba lo que hubiera entre los escombros, un animal que ya se había convertido en otra cosa. Dormíamos sobre sábanas en el suelo de cemento. Rotas las losas del baño, grietas como surcos húmedos, y de la pared reventada sobresalían los ladrillos y las gruesas tuberías herrumbrosas. La casa humilde –con columnas rectangulares en el centro, anchas y toscas– parecía un almacén olvidado en eterna huelga de hambre y ahí radicaba su fortaleza. Expresaba una época. Incluso el celular de Luis no tenía tapa, los cables y la batería estaban sueltos. Parecía difícil que un orden político pudiera disciplinar a un muchacho que vivía feliz con un celular así.

«Miren», decía cualquiera cuando nos faltaba algo elemental, «y todavía nos acusan de que nos paga el imperialismo.» Ese era uno de los chistes más recurrentes. El otro, aunque parezca contradictorio, jugaba con que todos nos íbamos a quedar a vivir allí una vez el régimen cumpliera las demandas. Pero Otero levantaba entonces la cabeza y decía que cuando todo acabara no quería ver a ninguno más.

Esteban Rodríguez, el joven asmático desbordado de carisma, depuso su huelga de hambre justo antes del allanamiento. Se acodó en la meseta de la cocina, visiblemente incómodo, fatigado, y dijo: «Ya tengo que comer». «Ok», le contestaron. «Tienes que empezar con una sopa o te preparamos un puré de malanga.» Algo pasado de peso, Esteban se frustró. «¿Cómo?», dijo entre soplidos. «No, no, sopa no. Dame un bistec, dame algo, yo me conozco. Sopa no, ¡qué sopa!»

Abu Duyanah Tamayo, el musulmán corpulento que se encargaba de vigilar la puerta luego de que un vecino atacara a Otero días antes y lanzara botellas de cristal hacia el interior, tendía su estera de rezos en una esquina o se echaba frente al único ventilador del lugar. Anamely Ramos, exprofesora del Instituto Superior de Arte (ISA), expulsada de la universidad por escribir artículos considerados irrespetuosos y mantener posicionamientos críticos frente a funcionarios de rango, mezclaba cierta pulsión católica con sus conocimientos de arte africano y su devoción por figuras del panteón yoruba. A su vez, cuando le pregunté a Omara si era católica, me dijo tajante: «Apostólica, romana».

Osmani Pardo, cristiano que mantenía un negocio privado de «vendedor-productor de artículos de fiestas y cumpleaños», se asemejaba en algunos puntos a Yasser Castellanos. Hablaba muy poco, siempre diligente, y su rostro reflejaba una profunda bondad. Sus conocimientos prácticos y sus sorprendentes habilidades manuales le permitían arreglar cualquier desperfecto técnico que hubiera en la casa, y había más de uno. Lo vi construir una resistencia eléctrica con dos latas y tres tacos de madera en cuestión de minutos. Sus manos pensaban y no solo porque solucionaran cosas, sino porque actuaban con la misma destreza cuando no tenían que solucionar nada. En los ratos libres, silencioso, Osmani había hecho de una maraña de cobre un árbol de muchas ramas con el mismo pausado señorío con que los dioses podaron la forma de la ceiba. Lo llamaba «el árbol de la libertad».

Maykel Osorbo, el rapero, traía el lenguaje del gueto y dejaba perlas como esta: «¿Y si vivir fuese la duda para lo inserio?». Katherine Bisquet, poeta, compuso unos versos sobre la situación:

> Dentro del hambre.
> Dentro de una ca(u)sa.
> Dentro de una misma cicatriz
> que se cierra desde la abertura del ombligo hasta
>   la subida del pecho.
> No existe ya el temor a la noche.

El grupo lo completaba Adrián Rubio, un joven de dieciocho años, fañoso y sonámbulo, que se había negado a ingresar al Servicio Militar Obligatorio; Jorge Luis Capote, de veintiuno, experto en la ciencia de conectarse a internet desde Cuba; Iliana Hernández, maratonista guantanamera, reportera independiente, ya pálida por tantos días de huelga; y Anyell Valdés, madre de tres hijos, una mujer menuda y discreta, casi azorada. Por si esta diversidad no parecía suficiente, había que apuntar que el día de mi llegada abandonaba la huelga y el recinto el científico Oscar Casanella, expulsado del Instituto Nacional de Oncología y Radiobiología (INOR) por sus ideas políticas.

Finalmente, todos estuvimos de acuerdo en que no me marchara, y se fijó esa suerte de fraternidad exaltada que invade a los grupos acorralados en los instantes últimos del peligro. Cerca de las ocho de la noche, tres oficiales de la Seguridad del Estado vinieron a buscarme, haciéndose pasar por médicos. El hombre que habló era torpe, como suelen ser torpes los gendarmes. Cada profesión tiene su gestualidad y léxico particular. Mis padres son doctores, y una comparación relampagueante me sacó de dudas sobre la identidad de los sujetos, si es que llegué a tener alguna. Un médico salva vidas, un gendarme las reduce. Les exigimos que salieran de la casa, y vimos que afuera había ya un operativo considerable: varias patrullas, dos carros-jaula, una comitiva acarreada para gritar consignas. Ahí cortaron el acceso a internet en toda Cuba y no lo restablecieron hasta casi una hora después.

Eran hombres y mujeres nerviosos. «¿Y cuándo me van a agarrar?», se preguntó Esteban después de que varios policías pasaran por su lado y no lo tocaran. A mí me sujetaron dos tipos. Me bajaron a trompicones por las escaleras y luego cada uno me jaló para su lado. Estuve a punto de chocar contra una de las columnas. Su impericia los volvía peligrosos. No golpearon, pero buscaban humillarte. Te conducían por el cuello o te apretaban los brazos, te trasladaban no en línea recta, sino con zarandeos. Ahí perdí contacto con las cinco mujeres del grupo. Supuestamente, se trataba de un allanamiento para evitar la propagación del virus, pero a los hombres nos llevaron a la estación de Cuba y Chacón, en la avenida del Puerto, y nos mantuvieron hacinados por más de dos horas en el carro-jaula, brazos y piernas entremezclados en una oscuridad cubista. La puerta solo se abría de vez en vez para aliviar el asma de Esteban.

Ese trámite fue un sello de amistad. No me sentí preso y empecé a hacer preguntas a todos. Solo Luis era mi amigo antes de aquel episodio. Junto a Maykel Osorbo, él se veía a sí mismo como un cimarrón, y así era, lo que dotaba a San Isidro de una conciencia histórica que el poder quería negar. Negros, pobres, desplazados, vivían en casas precarias rodeadas de hoteles lujosos para turistas de pantorrillas blancas. Representaban todo lo que la revolución prometió reivindicar y terminó persiguiendo, cazándolos para ocultarlos. No solo ponían sobre la mesa la pelea por la liberación de un rapero, sino que abrían el abanico de posibilidades para la forma de una república nacional negra.

De sus treinta y siete años, Maykel había pasado dieciséis entre calabozos y centros de reeducación para menores, como un Antoine Doinel de La Habana Vieja. Cuando tenía diez, durante la Crisis de los Balseros, su madre salió un momento de la casa, dijo que volvía enseguida y se largó rumbo a la Florida. Cuatro meses después del acuartelamiento, Maykel protagonizaría de nuevo un evento inédito. Con ayuda de la gente, logró zafarse en plena calle de un policía que lo trabó por el cuello y lo detuvo sin justificación. Alguien le prestó una bicicleta, mientras otro grupo de personas obstruía el paso de la patrulla y Maykel escapaba una vez más hacia Damas 955.

Rodeado de vecinos, levantó como un negro liberto su puño derecho. Le colgaban unas esposas. Alguien tomó la foto, granulosa. Se trataba de una trayectoria susceptible de contarse a través de símbolos o pequeñas cápsulas narrativas, como traducciones políticas de un drama íntimo e intransferible mezclado con la fuerza del residuo histórico.

A Maykel no le estaba permitido mostrarse, y cuando lo calificaban de «marginal», «delincuente» o –ese término protofascista– «carne de presidio», su cuerpo se convertía en un dispositivo que revelaba la jerga aristócrata del Partido. Haber generado una imagen tan sugerente, que hacía de la calle un palenque, de la ciudad un monte y de las estructuras de poder un barracón, trajo como resultado que apenas unas semanas después volvieran a cargar con él, se lo llevaran de su casa descalzo, sin camisa, y le imputaran cargos por desacato, resistencia y atentado.

Ya en 2018 Maykel había sido el único artista en cumplir prisión por protestar en un concierto contra el Decreto 349. A partir de ahí, a través de sus temas y, sobre todo, de sus transmisiones en directo por Facebook, el rapero se convirtió en una figura cada vez más popular y certera, dueño de la erudición que le otorgó haber podido estudiar hasta cuarto grado, mereciendo aquella frase de María Moreno: «El error no se equivoca: sabe de otra manera». En uno de sus gestos de desobediencia más pícaros y reivindicativos, *De convicto a pionero*, Maykel cambió el traje de preso por la pañoleta roja y el uniforme de alumno del socialismo. Poco antes se había cosido la boca, recorriendo así el arco de la violencia ideológica y física.

A través suyo, muchos asistimos a la lucha en tiempo real de un individuo que quería escapar del círculo del infierno al que la pobreza lo había enviado (las puñaladas y marcas de muerte se extendían por su piel), y del que la policía política no quería que saliera. Pero no se trataba de una historia de superación personal que la verborrea filantrópica del sistema podía fagocitar, sino de una historia de superación del sistema que debía replicarse a nivel personal.

Como un cabalista yoruba, su fuerza y los rastros de su destino residían en su nombre artístico: Maykel Osorbo. El nombre artístico normalmente disfraza o encubre, su emblema es el artificio. El nombre de Maykel, en cambio, revelaba y desnudaba, una palabra que avanzaba al revés, que destapaba y exhibía lo que el lenguaje comúnmente se dedica a disimular y lo que nadie quería que se viera.

Osorbo, en dialecto yoruba, significa que alguien tiene mala suerte, que se mueve en un ambiente negativo, que no va a alcanzar nunca la prosperidad. Un nombre que cualquier artista evitaría. Al nombrarse así, Maykel subvertía las escalas, y lo que lo volvía un líder de la calle era, precisamente, que no había nadie en Cuba que no estuviera *osorbo*. Si Maykel se hubiese llamado *iré*, es decir, buena suerte, desenvolvimiento, salud, dinero, habría sido directamente un artista inofensivo, otro más que convertía la religión popular en mero fetiche artesanal, en quincalla folclórica.

El 16 de diciembre de 1926, en su diario de Moscú, Walter Benjamin apuntaba esta idea fundamental: «Una historia de la cultura enseñaría la manera en la cual, con el correr de los siglos, la energía revolucionaria tiene sus orígenes en la religiosidad de las clases incultas, y la "intelectualidad" se descubriría entonces más como una vanguardia de la "incultura" que como un ejército de desertores de la burguesía».

El otro gesto que actualizaba la tradición y transformaba en código vivo la oralidad del panteón litúrgico era la falta de ortografía filtrada al descuido, consustancial a un rapero que surfeaba la pronunciación: *osorbo* se escribe *osogbo*. El error corregía entonces el término que significaba «desgracia» y «atraso», una muesca que introducía en el mandamiento cerrado una salida moderna.

Al conducirlo a prisión, el castrismo deseaba que Maykel volviera a llamarse Nadie, convertirlo en número, materia de informe. Ese regreso no parecía posible. Parafraseando a Ulises ante Polifemo, todos los acuartelados detenidos en el carro-jaula le decíamos al cíclope represor: «Mi nombre es Osorbo, y Osorbo me llaman mi madre, mi padre y mis compañeros todos».

VIDA BREVE (III)

Yasser Castellanos Guerrero
5 de diciembre de 1974
45 años

Nace en el Hospital Fe del Valle del municipio Manzanillo, en la provincia oriental de Granma. Su madre es maestra, oriunda de Yara, el lugar donde se iniciaron en el siglo XIX las luchas por la independencia contra el dominio español. Su padre trabaja en la Flota Cubana de Pesca, por lo que lo premian con un apartamento en La Habana, en el reparto Antonio Guiteras o Bahía, que es el nombre con el que todo el mundo lo conoce. Al este de la ciudad, en la zona extrarradio, el reparto colinda con los municipios Cojímar y Alamar. Yasser cursa la primaria y la secundaria en las escuelas Manuel Fajardo y 14 de Junio. Estos nombres y fechas forman parte del dialecto de la revolución, que lo relocalizó todo como quien inventa el mundo desde el principio. Héroes y efemérides suyos en la boca de la gente que va de un lugar a otro o que te indica una dirección.

Los compañeros de clase se burlan de Yasser y lo llaman «abuelo Paco», un personaje de una serie de televisión. Él no entiende que alguien venga a molestarlo cuando está tranquilo. Se trata de un muchacho muy serio y retraído, igual que ahora. Gasta el día dibujando. Figuras de cómics japoneses de ciencia ficción, protagonistas de películas de boxeo, las cosas que lo impresionan. Consume también muchos dibujos animados del campo socialista, los llamados «muñequitos rusos». Lee historietas y presta especial atención a los carteles de películas y también a las vallas publicitarias, propaganda pura y dura, que custodian desde ambos lados el tránsito por la carretera Monumental, vía de entrada a La Habana. «Yo pertenecía al pequeño grupo de niños raros», dice. «Tal vez las personas tímidas somos aquellas que hemos tenido más dificultad a la hora de procesar el rechazo de los otros. La tendencia a la introspección trae sus ventajas, porque estás conociéndote, tomando conciencia de quién o qué eres.» No practica deportes, inventa sus propios juegos. Si le gusta una muchacha, jamás va a declararse.

Desde temprano, establece una relación estrecha con Alamar, el sitio donde hoy vive. Se baña en la costa o se da un chapuzón en la Playita de los Rusos, mucho menos glamurosa que las famosas Playas del Este, como Santa María o el Mégano. Conoce el diente de perro y los pedazos de hormigón en el fondo que tapan las rocas y los erizos. A su vez, la Casa de la Cultura del municipio lo impresiona. Mucho más grande y decorada que su semejante de Bahía. «Alamar había sido un proyecto de la Revolución», dice, «una idea del difunto Fidel Castro. Se le llamó "la ciudad del Hombre Nuevo", gente con una nueva mentalidad. Venir a Alamar a principios de los ochenta no era fácil. No podías tener mascotas, no se podía saber que practicaras ninguna religión.»

El preuniversitario transcurre becado en Güines, en el campo. A su aula siempre van metodólogos a preguntarle si le interesa pertenecer a alguna escuela de arte. Él responde que sí, pero los metodólogos nunca regresan. Su aspiración, entrar a la Academia de San Alejandro, se diluye. Si no eres del centro de La Habana, las posibilidades son escasas. Ingresa en el Instituto Superior Pedagógico de Artes Plásticas, ubicado en Marianao, al otro extremo de la ciudad. En pleno Período Especial, comienzo de los años noventa, Yasser encuentra una escuela muy deprimida, los mejores profesores se han marchado, los materiales escasean. El transporte, además, es muy limitado. Por esas fechas arrancan también las disco-viandas. Sin comida, los agromercados se convierten en discotecas. Yasser va a uno en la zona 6 de Alamar a escuchar música anglosajona.

En 1995 se realiza el Primer Festival de Rap en el Bahía. El hiphop, el break dance, el slang. Todo eso se conoció en Cuba como «moña». El Segundo Festival transcurre en el anfiteatro de Alamar. Yasser ocupa todavía el papel de espectador, pero justo ahí comienza a expresarse gráficamente, influido por el expresionismo alemán y el cubismo. También, en una muestra de cine independiente norteamericano en el marco del Festival de La Habana, ve la película de Julian Schnabel sobre Jean-Michel Basquiat, «un referente bastante fuerte». Acompaña sus trabajos con lo que llama «textos filosóficos», su manera de hacer rap. Entonces el director de aquellos festivales lo contacta y Yasser se convierte en el escenógrafo del evento. Pinta, dibuja, establece el background visual de los raperos y más adelante ensaya sus primeros *spoken word*, que es el acto de mordisquear el lenguaje y construir con sus sobras tus versos prosaicos, aunque enfrentarse al público le provoca un estrés que puede hacerle olvidar la letra.

A fines de los noventa, Alamar es la capital del hiphop. Tanto así que activistas afroamericanos por los derechos civiles organizan un grupo al que llaman Black

August y empiezan a llevar artistas gringos a La Habana durante las últimas semanas de cada verano. Creen, una película ya muchas veces vista, que en Cuba permanece vivo un espíritu que en Estados Unidos se ha perdido, los ideales de justicia social que inspiran su cultura. Reciben incluso la visita de celebridades como Harry Belafonte y Danny Glover. Y justo ese es el final, porque Fidel Castro se entera del proyecto comunitario e inmediatamente lo burocratiza, otra forma de dinamitarlo, aunque al menos alcanza para que Yasser conozca a los colegas que integrarán un grupo emblemático del arte alternativo nacional, precursor de todo el movimiento cívico cultural disidente que vendría después: Omni Zona Franca. El evento más legendario organizado por el grupo es el Festival Poesía Sin Fin, que se mantuvo vigoroso a lo largo de una década, hasta 2009, justo por las fechas en que establecen relación con opositores más visibles como Yoani Sánchez.

Dos años antes, Yasser por fin se muda a Alamar junto a su esposa Verónica Vega, activista por los derechos de los animales. Él igualmente se suma de inmediato a la labor. «Contrario a lo que muchos piensan, no es que queramos complicarnos la vida adoptando más animales de los que tendría un ciudadano común. Lo que nos diferencia del resto de los protectores de animales es que nos es imposible ignorar el alto grado de sufrimiento animal con el que estamos conviviendo a diario.» Son dieciocho gatos y cuatro perros. También junto a su esposa, Yasser comienza otra escuela definitoria, un sendero espiritual a través de la Meditación en la Luz y el Sonido internos. «Uno de los requisitos que piden para esta práctica es ser vegetariano. Para mí no fue tan sencillo romper la inercia, Dios obró para facilitar las cosas. Luego, yo estaba convencido de que era lo correcto, lo más ético y saludable.» Más adelante, en febrero de 2020, Yasser va a decantarse finalmente por el veganismo. «Ni siquiera pensamos que ningún tipo de carne sea saludable para la especie humana», dice, refiriéndose también a Verónica. «Tratamos de vivir lo mejor posible con esas ideas.»

La meditación que ambos practican no puede llevarse a cabo si no has sido iniciado por personas autorizadas. De hecho, Yasser, a pesar de sus años de relación con Verónica, no comienza dicha práctica hasta 2013. Cero sustancias ilegales, cero alcohol y tabaco. «Hay tantas formas de meditación como corrientes en el cristianismo, o más. Es una práctica yoga, no se reconoce como budismo, y necesitas concentrar tu atención en una cosa específica. Es la manera más directa de llegar a Dios. La percepción de la realidad de repente se vuelve escenario y detrás hay una conciencia que conecta todo lo que existe. Un nuevo nivel de profundidad en mi propia mente, y no lo experimentaba como algo creado por mí, no un pensamiento mío. Sentía en lo más íntimo una realidad que había estado ahí desde siempre, desde un tiempo que no era capaz de recordar.»

Esta práctica no aleja a Yasser, ni mucho menos, del conflicto material y la contienda política. Para 2017 le llama la atención la obra artística que viene desarrollando Luis Manuel Otero y recuerda varios de sus performances, principalmente «¿Dónde está Mella?» y «Con todos y para el bien de unos pocos». Ambos se conocen en una galería de arte de la ciudad y luego Yasser se involucra en la 00 Bienal, un evento independiente celebrado en mayo de 2018 como gesto de protesta ante la decisión del Ministerio de Cultura de posponer la XIII Bienal de La Habana. Entre los organizadores destacan Luis Manuel, la curadora Yanelys Núñez Leyva, y el matrimonio compuesto por la dramaturga Iris Ruiz y el poeta Amaury Pacheco, este último figura principal del movimiento Omni

Zona Franca y viejo compañero de Yasser. «Lo que yo experimento ahí es que la realidad alternativa la habían desenterrado de nuevo», dice. «Emergía también un sentido de compromiso.»

Yasser expone entonces en una de las habitaciones del apartamento de Amaury e Iris en Alamar, y afuera, en un costado del edificio, pinta un grafiti llamado «Maternidad». Al segundo o tercer día, llegan funcionarios de Vivienda y le piden que borre lo que hace. Responde que no. La discusión sube de tono, pero solo entre Amaury e Iris y los funcionarios cuya actitud es más hostil. Yasser jamás levanta la voz. Los vecinos se acumulan alrededor y, en el tumulto, un agente de la Seguridad del Estado filma con su móvil. «Una de las cosas más desagradables que he vivido, aunque Amaury e Iris me impresionaron. Había algunos vecinos que apoyaban a los represores, pero ellos lograron poner a la mayor parte de la gente de nuestro lado. Eso yo creo que es un don, yo no habría tenido la lucidez de mover la energía de esa manera.» Finalmente los artistas tienen que sacar un permiso ante la ley, el cual incluyen luego como parte de la obra.

Ese bautismo de fuego lleva a Yasser, unos pocos meses después, a participar en un hecho definitorio. La campaña cívica que llegó a sumar centenares de artistas de muy distintas corrientes estéticas contra el Decreto 349, publicado por la *Gaceta Oficial* en julio de 2018, con vistas a implementarse a partir de diciembre de ese año, comienza con un performance protagonizado por Luis Manuel y Yanelys. Él se untaría de excremento frente al Capitolio Nacional, en el corazón de La Habana Vieja, y ella filmaría la acción, pero la policía troca hasta cierto punto los papeles, porque apresa a Luis y es entonces Yanelys quien realiza la protesta. El revuelo provocado desata otra serie de iniciativas individuales, hasta que el 11 de agosto de 2018 varios artistas underground convocan a un concierto de rap en Damas 955.

La Seguridad del Estado cita a Yasser a un interrogatorio. Ahí conoce al agente que lo va atender durante los siguientes años. Su esposa Verónica lo acompaña al encuentro. Reciben amenazas directas. Si van al concierto, serán detenidos. No hacen caso. El día señalado todos se pintan las caras, son alrededor de doce personas. A Luis Manuel y a Yanelys los han detenido, la calle acordonada. Amaury Pacheco guarda una llave de la casa de Luis y en un descuido de la policía política todos logran entrar al inmueble, pero luego la madre de Luis, presionada por la policía política, viene desde el Cerro y los obliga a salir. El colega Michel Matos dice que si se retiran pacíficamente de la calle habrán perdido. Los agentes del orden filman cada detalle. Sandor, uno de los raperos del concierto, grita «¡Abajo el 349!». Un comunista acarreado pide que lo graben y responde que él es el pueblo, pero el grupo le contesta que el pueblo son todos. Montan a varios en las patrullas, la discusión crece, la policía política grita consignas. Para Yasser la realidad se presenta como un caos, no atina a reaccionar ante lo que ocurre. Los vecinos contemplan el acto represivo. En un punto, cuatro agentes agarran a Amaury Pacheco para neutralizarlo y Yasser, con fuerzas que vienen de alguna parte, los empuja, dice, «de una manera mágica. Yo había estado acumulando tensión, los cuatro cayeron». Este mínimo triunfo no evita que termine, como todos, en la estación policial de Zapata y C, barrio del Vedado, justo en unas celdas contiguas a las que ocupan desde antes Yanelys y Luis.

Ese día, tras aquel suceso, los participantes fundan el Movimiento San Isidro, un grupo que le cambia la cara a la disidencia política en Cuba. «Éramos artistas vomitados por el sistema», dice Yasser, quien, desde la fecha hasta el acuartelamiento, dos años y tres meses después, aprende una lección que considera principal: «La solidaridad es lo que más ataca el gobierno».

Empeñado en practicar esa virtud, después del encarcelamiento de Denis Solís, Yasser se acerca una noche a la estación policial de Cuba y Chacón, pero no hay nadie allí. No sabe cómo transmitir en directo desde su móvil. Cuando un oficial le pregunta qué busca, él responde que se trata de una protesta pacífica por la prisión injusta de un compañero. Bastante amables, dice, lo esposan, le piden el teléfono, lo llevan al municipio Cotorro, en las afueras de la ciudad, y lo sueltan ya a la medianoche. Mientras, Yasser le ha explicado al oficial quién es él, por qué hace lo que hace, sus motivos. Una labor pedagógica que ya forma parte de su rutina con los representantes del poder.

De los acuartelados, Yasser es uno de los últimos en incorporarse. «La sensación era que la vida me estaba conduciendo por un determinado camino, y al mismo tiempo, a pesar del riesgo, encontraba las puertas y sentía que debía obedecer y dejarme conducir», dice. La casa de Luis se encuentra rodeada de policías, él avanza lo más rápido que puede. Un agente amaga con correr, pero no lo alcanza. «Al ver el entusiasmo con que me recibieron, supe que había tomado la vía correcta.» El grupo todavía no ha comenzado las huelgas de hambre y sed. La tarde de su entrada, luego del robo del dinero a la vecina, toman la decisión.

CUARENTENA

Me sacaron de la jaula –fui el segundo en salir– y la libertad se esfumó. Se suponía que me devolvían a ella. Una patrulla con tres agentes me condujo por el Malecón, camino al oeste. Miré desde la ventanilla los lugares que recorrí innumerables veces, aunque nunca tan solo. El Hospital Ameijeiras, la esquina del Hotel Nacional, la Casa de las Américas y la residencia universitaria de F y 3ra, donde viví cinco años. Observé el edificio hasta que lo perdí de vista, intentando localizar mi piso, quizá me veía asomado y aún podía encontrar afuera el rastro del que había sido. Iba descalzo, con las manos esposadas a mi espalda y el cansancio del cuerpo roto atorado en el pantano de la ciudad.

No lo comprendía del todo, pero asistía a ciertos lugares por última vez. Si bien permanecían ahí, siendo lo que aparentemente siempre habían sido, cada uno de estos sitios se convertía, de golpe, en una variación más del recinto policial absoluto en el que la Seguridad del Estado transformaba la isla toda para sus disidentes u opositores más connotados. Una sofisticada puesta en escena que el resto no podía ver, solo quienes la padecían, por lo que mucha gente prefería creer que la ciudad únicamente se reducía al testimonio del nutrido ejército de la mansedumbre, descartando a los exploradores descarriados que traían noticias de contrabando sobre la cara oculta de la moneda, el terror detrás del tedio.

El castrismo cortaba con pulso quirúrgico cualquier memoria de la resistencia, impedía la acumulación histórica del gesto desobediente. Todo el que empezaba lo hacía desde cero, desconectado de la tradición, aislado del prójimo. Uno no solo operaba entonces en el presente, sino que debía hacerlo también sobre el pasado, lo que, paradójicamente, dotaba al ejercicio de la protesta de una adictiva cualidad dialéctica. La disidencia no era más que el proceso de desaprender.

Llamar las cosas por su nombre, una vez veíamos el rostro de la represión, era un paso necesario. Ni siquiera así todos lo hacían, pero el gesto verdaderamente determinante consistía en llamar las cosas por su nombre independientemente de lo que te había ocurrido a ti, y sí de acuerdo a lo que le había ocurrido a los demás. La dictadura no comenzaba en ninguno de nuestros cuerpos, no éramos la medida ni de la historia ni de la justicia, y para que nada nos tomara por sorpresa debíamos llevar, en la medida de lo posible, el conteo del resto.

No obstante, me pareció que, bien mirado, la ciudad prefiguraba desde mucho antes el estado actual de las cosas, y que previamente yo había recogido señales suficientes de que los acontecimientos se precipitaban hacia un desenlace de este tipo. Me di cuenta, sobre todo, cuando pasamos en la patrulla el terreno desolado del estadio Martí. Unos diez meses atrás un amigo había querido grabar ahí conmigo el capítulo de una serie dedicada a la censura y más específicamente al uso del lenguaje dentro de una sociedad totalitaria. Sin embargo, un hombre nos dijo que no podíamos filmar.

Parecía uno de esos militares retirados que luego el Estado no sabía muy bien qué hacer con ellos. Un parque armamentístico caduco, gente como balas salvas a las que les sacaron la pólvora y pusieron a hacer algo sin propósito. El país estaba lleno de personajes así, sujetos tristes de sesenta, setenta, que se prepararon para una guerra o una invasión que nunca tuvo lugar y que ahora se encontraban distribuidos por todas partes, custodiando plazas que ya nadie iba a destruir ni a tomar por las armas, pues era como apuñalar a un muerto.

Teníamos una cámara Sony y un balón de baloncesto, queríamos unos planos para rellenar. Algún drible, algún enceste, algún triple fallido, esas cosas. El custodio se negó, el reglamento del estadio lo prohibía. Lo anunciaba sin convicción, incluso con pesar, como si quisiera dejarnos saber que él era apenas el instrumento al que le tocaba prohibir, pero no quien había pensado o diseñado esa prohibición. Le preguntamos por qué, era absurdo. Le dio vergüenza. Nos dijo que habláramos con el director. Si fuera por él, ya estaríamos filmando.

Fuimos a la oficina del director, un hombre igualmente triste, más joven y no menos afable. También quería autorizarnos, pero miraba al custodio constantemente. Ninguno se atrevía a dar el sí, ninguno confiaba por completo en su compañero. Estábamos en penumbras a media mañana, la oficina era una suerte de búnker debajo de las gradas del estadio. Se buscaban con la mirada, el custodio y el director, para apoyarse mutuamente en esa gigantesca violación del reglamento disciplinario que ambos estaban dispuestos a cometer, pero cada cual delegaba la responsabilidad en el otro con sutil recelo. Los atenazaba una pinza invisible, la máquina de vigilancia interior.

Los tenía casi convencidos, cuando dije que eran imágenes para un documental. Esa palabra les fracturó la cabeza. «¿Documental? ¡Cómo que documental! No, no, por Dios, un documental aquí no», dijo el director. «Son solo dos o tres videos y nos vamos», respondí, pero él me explicó que el tema con los documentales era complicado. Venía cualquiera y filmaba el estadio y luego sacaba por ahí que Cuba estaba destruida. «Y la verdad es que está destruido [el estadio]. Hace unos días se cayó otro pedazo del techo de las gradas, pero no es justo que hagan eso, porque en otros países pasa lo mismo. En Washington puede pasar lo mismo también, ¿no crees?» «Claro», contesté. Entonces el director se envalentonó y nos autorizó a filmar. Dijo que todo corría por su cuenta. En ese momento me inspiró ternura.

Salimos de la oficina y miré las gradas y el terreno de fútbol. Un campo yermo y una construcción llena de escombros y hierros sueltos. Tenían razón. Había una foto ahí, otra más que podía hablar de la pobreza y la destrucción crecientes de Cuba. Pero no era una postal semejante, una postal ya infinitamente repetida, lo que mejor encapsulaba esa mañana aquello que el país era, sino el propio director: su miedo, sus palabras, sus reservas, sus argumentos, los minutos de una conversación en la que el hombre confesaba su encomienda última, proteger el cuerpo de la ideología oficial del ojo de la realidad, o intentar que el cuerpo de la realidad solo fuera observado por el ojo de la ideología oficial, que los hechos no se filtraran ni se vieran. A él no lo habían designado director del estadio Martí para que lo arreglara, puesto que no había con qué, sino para que lo escondiese.

El miedo político paralizaba y se volvía un asunto introspectivo, la gente mascaba el miedo hasta casi convertir esa amarga pulpa social en un tema metafísico. Naturalizado, olvidado dentro de uno, ya no se sabía bien qué se temía ni por qué. No era raro ver que las personas que más temían eran justamente quienes más alababan eso que todavía se empeñaban en llamar «revolución», con lo cual el entusiasmo escondía una expresión atávica del pánico.

En el mapa de una neolengua, las palabras son el territorio concreto, en tanto son las palabras las que se establecen directamente en la realidad, y son los hechos, la relación entre objetos, los que gozan de inexactitud. El estadio Martí vuelto pedazos o la escasez de combustible en las gasolineras eran en el totalitarismo errores gramaticales. El tirano copista de una doctrina importada no quería que un lector gruñón denunciase la atropellada sintaxis de su sentido particular de justicia o prosperidad, pero eso no significaba que no hubiera lectores que fueron enseñados a leer y que seguían leyendo de modo fluido la jerigonza de su mala ortografía. Ahí estaban, para demostrarlo, el director del estadio, el custodio y también, desde luego, la mayoría de los cubanos que uno se encontraba tanto dentro de la isla como fuera.

Estanislao Zuleta habló de «la sobrevaloración de imágenes como indicadores de esencias». A un edificio destruido se le oponía una niña sonriente en una escuela. A una fila para comprar huevos, un médico con su bata auscultando un paciente. A un policía repartiendo palos, una playa con sol y una mulata zalamera. A los veinte dólares de salario mensual promedio, las tasas mínimas de mortalidad infantil por cada mil nacidos vivos. Ese proceso imparable de segmentaciones y, a partir de ahí, de idealizaciones tanto positivas como negativas (a veces confluyendo ambas en un mismo ícono, dígase el Che Guevara), funcionaba como un bucle de fuerzas históricamente recicladas que terminaba consolidando el atractivo retórico de la ideología dominante.

El totalitarismo asimilaba que tomaran la foto del estadio Martí depauperado, pero lo que el totalitarismo no asimilaba, ni tenía cómo justificar, era al director del estadio, y ahí residía el método de engaño con que el sistema operaba sobre sus fieles. Quienes se creían vigilantes eran, en verdad, reos. Las gradas aireadas se veían desde la calle, lo que no se veía era la oficina en penumbras. Al director le hicieron creer que debía esconder el estadio de los malos ojos, pero era el estadio el que lo escondía a él, porque el poder absoluto no resistía la voluntad narrativa de la historia, la manifestación viva de un relato inconcluso, esa evidencia secuencial que al fin y al cabo toda persona es.

Cerré los ojos y escuché el gorjeo secreto del desamparo. Seguimos de largo y en el policlínico de Miramar me hicieron el PCR que justificaba el operativo, un palillo incómodo hurgando en la garganta. A ningún otro participante de la protesta le practicarían el test. Los policías, serios e imponentes, seguían zarandeándome, queriendo ablandarme. En realidad, el susto me dominaba. Afuera, la gente quería saber qué pasaba con los acuartelados, exigían que nos liberaran.

Cerca de las once de la noche me dejaron en 7ma y 32, también Miramar, en el apartamento de mi amiga Mónica Baró, una periodista que llevaban meses acosando y sometiendo a interrogatorios desgastantes y que nunca, en las semanas siguientes, profirió la más mínima queja por la nueva andanada de policías y agentes del orden que vigilaron su casa, esta vez gracias a mí. Sí hubo un día en el que, expresándose por ambos, Mónica golpeó las puertas del closet, tiró al suelo varios adornos, volteó sillas y maldijo a Cuba, una tierra cínica y cobarde. Desde la ventana, en el parque Coyula, podíamos ver al militar de turno vestido de civil, sentado en un banco, rodeado de individuos distraídos que se conectaban a la wifi del lugar para conversar con su familia o sus novios de Miami y Europa.

VIDA BREVE (IV)

Omara Ruiz Urquiola
18 de junio de 1973
47 años

Nace en el Hospital Militar Naval, al este de La Habana. Su madre, Isabel Urquiola, es licenciada en Pedagogía, especializada en Biología, y jefa de cátedra en la Escuela Vocacional Lenin, un preuniversitario de ciencias exactas donde estudian los alumnos con mejores resultados académicos de la capital. La familia materna es de Pinar del Río, municipio Mantua, pero Omara y su hermano Ariel, quince meses menor, crecen en el municipio habanero de Playa, en el barrio Ampliación de Almendares. El padre, Máximo Ruiz Matoses, es ingeniero electrónico, graduado en una academia militar de Kiev, y en la década de los ochenta se convierte en jefe del Departamento de Desarrollo del Ministerio del Interior. Especialista en radares y telecomunicaciones, ahí se encarga de los asuntos tecnológicos dentro de la inteligencia cubana. También compra equipos de medicina nuclear tanto en Japón como en España, pero a comienzos de la década de los noventa cae estrepitosamente en desgracia.

Un par de años antes, en un acto en la Sala Universal de las Fuerzas Armadas, con la nomenclatura y cientos de oficiales de alta graduación presentes, Matoses emplaza a Fidel y Raúl Castro y dice que ambos son responsables por la improductividad económica del país y la dependencia de la Unión Soviética. Nadie le lleva la contraria, muchos incluso le dan palmadas en el hombro, pero uno le advierte que se cuide. Va a cumplir veinte años de condena, un hecho que redirecciona completamente la vida de los hijos. En un punto, la familia paterna, que vive bajo el mismo techo con ellos, aun cuando sus padres estén divorciados desde hace años, se desentiende del tema. Dos tíos, también militares, desconocen al hermano. Comienza el Período Especial y el núcleo apretado de Isabel Urquiola y sus dos hijos logra sobrevivir en buena medida gracias a la ayuda de la familia del campo.

Omara visita a su padre cada veintiún días. Primero hay un largo proceso de instrucción del caso, por lo que se encuentran en una casa en el barrio de Miramar. «Nosotros no entendíamos la situación», dice. «¿Qué hacía mi papá ahí? El oficial de la Seguridad que dirigió aquel encuentro nos dijo a mi hermano y a mí, antes de ver a mi papá, que no debíamos encontrarnos con nadie de los derechos humanos, porque el asunto de mi papá se iba a resolver, o sea, no era nada grave, pero, si alguien de los derechos humanos se acercaba a nosotros, o nosotros nos acercábamos a ellos, eso podría perjudicar el proceso. Yo tenía diecisiete años, a mí no me pasaba por la cabeza nada de los derechos humanos. Me parecía que todo se iba a resolver, que era un malentendido. Siempre está esa etapa en que uno todavía cree que lo que pasa es un error del sistema, y no que el sistema es el error.»

Omara recuerda las fricciones políticas en su casa desde que era pequeña. La inconformidad del padre no es otra cosa que frustración profesional, un disgusto por la burocracia o la corrupción material dentro de las Fuerzas Armadas. La cercanía con sus hijos viene más desde la afinidad intelectual que por cualquier vínculo puramente emotivo. Matoses, de hecho, tiene una habitación, que luego va a convertirse en el cuarto de los juguetes y la perra, que es como su estudio personal para seguir laborando cuando llega del trabajo. «Nosotros no hablábamos de muchas cosas. Por ahí había una relación cercana, pero mi papá era un hombre muy metido en su profesión.» Isabel, en cambio, que fue alfabetizadora, consume en los años de la Perestroika cada revista *Sputnik* o *Novedades de Moscú* que llega a Cuba, hasta que dejan de circular. «Yo era chiquita, todavía mi papá vivía en la casa, y me acuerdo de los vueles que cogía mi mamá porque la máquina de coser soviética no servía. La máquina americana estaba en casa de mi familia en Mantua, y la suya tenía muchos problemas, se le partían las agujas. "Todo lo que nos mandan es esta basura", decía. "Esto no sirve para nada", y mi papá le respondía que era una malagradecida.»

Durante los años de su niñez y adolescencia, la fe católica acompaña a Omara como un credo cuasi clandestino. La influencia viene de su abuela materna y su abuelo masón. Isabel también es católica, pero a ella le sucede lo mismo que a cada joven de su generación inmerso en el proceso revolucionario. La disyuntiva de la fe y la segregación social o la renuncia al culto individual y la pertenencia al colectivo pujante del socialismo castrista. Por tanto, se aleja de la Iglesia durante mucho tiempo y no vuelve hasta los años noventa. Justo por esas fechas, con diecinueve años, Omara hace el catecismo y se bautiza. «Desde muy pequeña yo iba escondida a la iglesia de Jesús de Miramar y veía las novenas a la Virgen de las Nieves, que es la patrona de Mantua, el pueblo de mi familia. Me acompañaba mi primo Armando, pero no lo podíamos decir en la casa. Todo el mundo tenía miedo.»

El padre reaparece bastante tarde en su vida. Una cárcel tan larga deja fisuras. En 2008, en la Universidad de La Habana, vestido con guayabera, Matoses se muestra exultante, orgulloso, durante la defensa de doctorado en Ciencias Biológicas de su hijo, pero ya se ha perdido todo lo anterior. «Imagínate que mis dos hermanas más pequeñas, que él tuvo en su segundo matrimonio, llegaron también a la universidad y a mi papá se lo llevaron el día que encargó el cake del cumple por los dos años de la más chiquita», dice Omara.

Después de graduarse de Historia del Arte, pasa por varios centros de enseñanza artística y termina en el Instituto Superior de Arte (ISA). Imparte clases de cultura cubana, estética, apreciación de las artes y algunos cursos de posgrado. Son años difíciles, de mucha escasez. La burocracia universitaria le bloquea un viaje a Costa Rica, pero aun así tiene oportunidades de emigrar. Lo piensa en algún punto, no lo hace. Estudia mucho en ese tiempo. Gira alrededor de un área cultural específica y cree que cuando eso sucede, cuando se alcanza un nivel de implicación tal con una sensibilidad particular, se generan unos lazos y una dependencia que son casi imposibles de romper. «Mientras más supe de Cuba, mientras más yo entendí Cuba, se tornó completamente imposible otro proyecto que no fuese en Cuba.»

Bella, joven, sagaz, a sus treinta y dos años, en julio de 2005, la vida le da un vuelco, cuando le descubren un carcinoma ductal infiltrante grado cuatro. El cáncer de mama se encuentra en un estado muy avanzado y nadie apuesta por que dure mucho. A pesar de tener ya un seno destruido y haber drenado sangre, Omara ignora su condición de salud. Nunca antes se había enfermado y de alguna manera niega la realidad, incluso cuando los pacientes con alopecia la rodean en las consultas médicas. Una noche le comenta a su hermano que le van a poner «unos sueritos», y es entonces que Ariel reacciona y decide acompañarla al hospital. No son «unos sueritos», sino su primera dosis de citostáticos.

De ahí en adelante, Ariel se despierta más temprano para prepararle el desayuno, llama continuamente para cerciorarse de que Omara ha almorzado en hora, se trepa en camiones que van para San Andrés de Caiguanabo, un valle al occidente del país, donde unos amigos suyos lo conectan con los criadores de carneros. Con una mochila cargada de carne, Ariel regresa para La Habana como puede, haciendo autostop y caminando largos tramos de carreteras perdidas. Omara cumple con su ciclo de medicamentos y es igualmente Ariel, biólogo de formación, quien descubre, después de largas jornadas de estudio, que el tratamiento apenas cumple su función. A pesar de que en las primeras pruebas los órganos de Omara siguen limpios, ahora el oncólogo al frente de su caso la califica básicamente como una moribunda, alguien que apenas necesita calmantes para el dolor.

Ariel cambia de hospital y se convierte él mismo en el médico principal de su hermana. Logra salvarla, pero la odisea familiar apenas comienza. Omara se convierte en la sobreviviente más antigua de este tipo de enfermedad en la isla, a pesar de las múltiples irregularidades que sufre a lo largo de los años, desde pérdidas de biopsias hasta suministros de placebos en lugar de los medicamentos indicados, negligencias que se van acentuando a medida que su activismo cívico gana protagonismo. Luego de once años, en 2016, Ariel inicia ante la falta de Herceptin una huelga de hambre y sed en las afueras del Instituto Nacional de Oncología y Radiobiología (INOR), ubicado en el barrio del Vedado. Su protesta exige que la institución compre el medicamento requerido tanto por su hermana como por las otras pacientes con la misma enfermedad. Se trata de terapias combinadas a base de anticuerpos monoclonales y citostáticos en las que no puede faltar ninguno de sus componentes. Según le han dicho, la compra en el mercado extranjero va a demorar meses porque no hay presupuesto, pero Omara no puede esperar tanto. Al final, las medicinas aparecen en unos pocos días.

Ese gesto la policía política no lo va a perdonar. Hay que sumar, además, los múltiples enfrentamientos que anteriormente Ariel tuvo con la burocracia administrativa de la Universidad de La Habana, sitio del que termina expulsado como docente por haberse negado a subordinar el rigor científico a la ideología estatal. Para aquel entonces, la familia ya ha adquirido en usufructo unas tierras en el Valle de Viñales, en Pinar del Río, comenzando un proyecto agroecológico muy exitoso. Los acosos se suceden, Ariel cae preso en 2018, inicia otra huelga de hambre y sed y lo excarcelan. Ambos hermanos se vuelven muy conocidos. «Lo que nos pasó fue tan abusivo, tan injusto, que entonces empiezo a conocer a personas que nos apoyan», dice Omara. «Se establecen redes de amistad, un tejido social donde la gente se ve más como disidente que como militantes políticos. Es sociedad civil, es disenso. Ni siquiera hay un proyecto político claro. Entonces, por ejemplo, si se llevan a un amigo, uno protesta. Ahí conocimos a Iliana Hernández, a Oscar Casanella. Las protestas vienen más por la cosa del afecto.»

En julio de 2019, violando todas las leyes, Omara es expulsada sin derecho a apelar del Instituto Superior de Diseño (ISDI), lugar donde daba clases desde que concluyó la etapa del ISA. Meses después, a comienzos de 2020, los diagnósticos médicos sugieren una posible mutación del cáncer, lo que vendría a explicar por qué en su caso las terapias no están funcionando. En más de una ocasión, la Seguridad del Estado la escolta al hospital, una patrulla le sigue los pasos. Naturalmente, ella y su hermano desconfían. Necesitan otra mirada especializada, imparcial.

Hacia noviembre, las lesiones en la piel han crecido muchísimo. Ariel ha conseguido que centros especializados tanto en Suiza como en Alemania decidan atenderla, pero Omara va a perder la oportunidad. «Oscar Casanella me llama para ir a Cuba y Chacón. Yo estaba siguiendo la situación de Denis Solís por los medios y me daba mucha pena. No lo conocía a él, pero sí a Maykel Osorbo y unos años antes, cuando Maykel fue preso por cantar contra el 349, no hubo una resonancia mediática con la magnitud suficiente para evitar que esa injusticia se cometiera. Para mí Denis era como Maykel, o sea, venir de ese barrio, venir de un montón de cosas tristes y negativas y haber sacado la cabeza, era conmovedor.»

Fuera de la estación policial, el viernes 13 de noviembre, la policía reparte golpes entre los activistas que han ido a exigir fe de vida de Denis Solís. «Un caballito de la policía motorizada, un hombre alto, vino a golpearme, a quitarme el teléfono, y después como que me amordazó, qué sé yo, ni cuenta me di.» Ya detenida en la estación de Regla, una mujer le dice: «Tú tienes sangre en el vestido, tú vienes de una riña tumultuaria». «Yo me espanté», recuerda Omara, «me habían reventado las lesiones, y ahí son otros cincuenta y cinco pesos, porque yo no voy a permitir que un hombre me maltrate, no lo voy a permitir. Ellos se equivocaron mal, se equivocaron feo.»

Es justo Omara quien, en la noche del 16 de noviembre, pernoctando en la casa de Luis Manuel Otero, le dice a los demás: «Esto va a ser lo mismo de siempre. Salimos a protestar, nos cogen, nos riegan por toda La Habana, y así nos desgastamos. ¿Por qué no nos quedamos hoy aquí? ¿Por qué no protestamos desde aquí?» Con esas preguntas —aún nadie lo sabe— comienza el acuartelamiento.

PROTESTA, PROPAGANDA, TELEVISIÓN

El allanamiento tuvo consecuencias. El 27 de noviembre, en un gesto inédito, entre trescientos y quinientos jóvenes terminaron reunidos en las afueras del Ministerio de Cultura para pedir el reconocimiento pleno de los espacios independientes, el cese de la censura ideológica en el arte y la liberación de los presos políticos. Fue el bautismo de fuego de mucha gente. Corearon canciones, alcanzaron acuerdos comunes. Los primeros que llegaron fueron apoyados por los segundos y los segundos por los terceros. Les cortaron la electricidad y el barrio del Vedado quedó a oscuras, la policía los gaseó, chivatos infiltrados les metieron miedo. Los manifestantes apenas se creían lo que estaban haciendo. Yo no pude asistir. Debía cumplir una supuesta cuarentena con vigilancia policial en los bajos del apartamento.

Al filo de la medianoche, treinta artistas elegidos de manera democrática pasaron a los salones del ministerio y presentaron las demandas de la comunidad allí reunida. Lo que sucedió a corto plazo era previsible: el incumplimiento por parte de la institución de los puntos principales de un acuerdo meramente verbal. Sin embargo, por unas horas muchos jóvenes habaneros se convirtieron en ciudadanos y

81

un ministerio, al final otro brazo del tentacular aparato militar cubano, tuvo que recibir en sus oficinas a artistas que durante años se había encargado de desprestigiar.

Antes de que la obra siguiera su principio trágico, pudo capturarse un instante sin leyes rígidas, apenas un fogonazo, lo que podríamos llamar «el momento Antígona». Creonte era el poder político y los jóvenes, Hemón. El Corifeo correspondía a los funcionarios y comisarios de cultura, gente con miedo que invitaba a entrar a la sede de su organismo, sujetos que balbuceaban y veían la desgracia venir y al mismo tiempo no pasaban de tímidas sugerencias inservibles, ni se oponían tampoco a los designios categóricos del tirano. Tiresias era la historia y Eteocles y Polinices representaban al país, las dos caras hermanas formalmente opuestas por la guerra fratricida. Una desterrada, la otra en el trono. Una que recibía digna sepultura, la otra que se descomponía a la intemperie. Nación y exilio. Pero el momento, lo que envolvía a todos, respondía a la determinación de Antígona, «que ya no es más quien es nada». Decía Creonte: «De entre todos los cadmeos, ese punto de vista es solo tuyo», y Antígona respondía: «Que no, que es el de todos: pero ante ti cierran la boca...».

Debido a ello, el acoso, el descrédito en la prensa y el lenguaje beligerante del régimen arreció. Yo salí en televisión por primera vez el 28 de noviembre. Era mi segunda ocasión en cadena nacional. Ahora me llamaban «mercenario». No había ahí un recorrido inédito. Es probable que la mayor parte de las personas que alguna vez le dieron la mano a Fidel Castro hayan sido luego tildados de agentes de la CIA, juzgados por ello, borrados de fotos y cortados de cintas cinematográficas.

Un compañero de curso en la universidad, Lázaro M. Alonso, fue el presentador del programa en el que me lincharon mediáticamente. No creía ser más víctima que él. Verme difamado en televisión hizo que pensara en mi familia y esa suave línea afectiva, que atravesaba la estridencia de la noticia y el escándalo íntimo de mi posible insulto, fue lo único que disipó hasta cierto punto el profundo sentido de extrañamiento.

Veía mi imagen recortada, editada, mientras una voz engolada me movía como una marioneta por el retablo de la propaganda. ¡Qué raro!, pensé. El dolor se convertía en desconcierto. Si salía hablando, lo hacía en *off*. La gente podía ver mi cara, que era ahí una máscara villana, pero no podían no solo escuchar mis palabras, sino tampoco la manera en que las pronuncio, esos pequeños desperfectos que me convierten en una persona: cómo seseo, cómo atropello lo que digo o me demoro unos segundos, que internamente parecen una eternidad, intentando encontrar una idea que nunca es la que es.

No lo lamenté. Una vez fui pionero, ahora solo me entregaban un papel de reparto distinto. Antes, algunos en el barrio me miraban orgullosos porque Castro me había saludado. Ahora otros seguramente iban a mirarme como se mira a un sujeto peligroso, quizá apestado. Tal vez debía pasar por ese tipo de saludo triste en el que alguien pretendía demostrar que no sucedía nada conmigo. Alguien que me saludaba no porque me quería saludar, sino para convencerse de que no temía saludarme. Pensé que el niño comunista que yo era me habría despreciado.

Durante los días siguientes recibí mensajes de apoyo incluso de gente que no recordaba. También me hablaban de cosas que no entendía, envueltas en tonos mesiánicos, pero yo estaba tratando de digerir el asunto de manera pausada, hasta donde tal cosa fuera posible. Tenía treinta años y era un tipo permanentemente molesto. No había una agitación nueva en mí, quiero decir. Vivía un poco así, como si cada día me lincharan en la televisión. Más que el miedo, el hartazgo, el entusiasmo ciego o el adoctrinamiento, la molestia era el principal sentimiento de Cuba, el más generalizado. Por una razón u otra, todo el mundo en el país parecía vivir con una piedra metida en el zapato o con unos lentes mal graduados, ese tipo de incomodidad constante, naturalizada.

¿Aún funcionaba la propaganda? En realidad, ya funcionaba para poca gente o al menos no para una cantidad aplastante, pero me seguía pareciendo sorprendente cómo la propaganda, en última instancia, no necesitaba que nadie creyera en ella. Concluía en sí misma y se transmitía para sí misma y eso resultaba suficiente para que el régimen que la propiciaba siguiera en pie. No podían poner en solfa ningún principio constitutivo de su ficción.

Todo aquello, no obstante, tenía un matiz que al menos yo nunca antes había percibido. El gobierno actuaba de manera reactiva, había perdido la iniciativa política. Empezaba a ripostar como podía la avalancha de símbolos disidentes cada vez más sofisticados que se le venía encima. Para la tarde del 29 de noviembre convocaron en el parque Trillo, municipio Centro Habana, a un acto de reafirmación revolucionaria organizado por la juventud comunista y presidido por el presidente Miguel Díaz-Canel.

Aquel hombre traducía la esencia del sistema. Ni Fidel Castro ni su hermano Raúl representaban más que a sí mismos, como tirano y ayudante de tirano que eran. Gozaban de una identidad propia y exclusiva, pero su sucesor representaba al típico concejal de municipio, un burócrata entre miles que no se diferenciaba sustancialmente de ninguno de sus subordinados y que uno podía encontrarse en cualquier lugar de la isla, otro funcionario más al frente de cualquier oficina de trámites inútiles. La tarea no excedía sus competencias. Cuba tenía ya el tamaño histórico de un cubículo de administración pública.

Un año antes, Díaz-Canel se tomaba una foto en Dublín al lado de una estatua de Joyce. Díaz-Canel no sabe realmente quién es Joyce, pero alguien le dijo que una foto así podía hacerlo parecer un hombre culto sin tener que leer. No desaprovechó la oportunidad. El sistema se definía por querer prosperidad sin producir, democracia sin derechos y estatuas de escritores, no escritores. Ahora trataba de ver hasta dónde alargaban una dictadura sin dictador.

Su hoja de vida era de una insultante mediocridad, como la de todos los políticos nacidos en la isla después de 1959. Se graduó de Ingeniería Eléctrica a comienzos de los ochenta, trabajó en las Fuerzas Armadas y luego, con la revolución sandinista ya en el poder, cumplió misión internacionalista en Nicaragua, haciendo quién sabe qué, quizá arreglando cables de corriente en casa de Daniel Ortega. A los treinta y tres años, la edad con la que Fidel Castro entraba en La Habana, Díaz-Canel apenas era ascendido a segundo secretario del Comité Nacional de la Juventud Comunista.

De hecho, con Castro en el poder, Díaz-Canel probablemente no habría pasado nunca del puesto secundario que le hicieron ocupar durante largos quince años: alcalde de alguna desvencijada y polvorienta provincia del país. Primero en Villa Clara, al centro de la isla, de 1994 a 2003, y luego hasta 2009 en Holguín, ubicada al noreste, más lejos todavía de La Habana y de Dios.

A Castro le gustaba rodearse de jóvenes que él creía inteligentes, aunque al final demostraron no serlo tanto, pues lo primero que un miembro temporal del círculo de confianza del Comandante tenía que saber, si aún albergaba un poco de amor por sí mismo, era que no podía mos-

85

trar demasiada autonomía intelectual, sagacidad diplomática o alguna otra consecuencia del buen juicio que lo dibujara como un rival en potencia.

Todos, sin embargo, desde Carlos Lage hasta Roberto Robaina, creyeron ser más de lo que eran y se convirtieron antes de la vejez en cadáveres políticos, conocieron la caída estrepitosa y la humillación pública. Fueron encerrados sin compasión y ahí permanecen aún, en los fondos oscuros de los archivos de una biblioteca o en las consultas malolientes de un policlínico de barrio.

Con Raúl Castro esa cuestión estaba saldada de antemano. Nadie que pudiera articular un discurso decente, sin exasperarse o sin olvidar en plena alocución lo que le mandaron a decir, tenía posibilidad alguna de pertenecer a la corte tecnócrata y ampliamente iletrada del hermano menor. Un currículum como el de Díaz-Canel, que no decía mucho o que lo único que decía era que Díaz-Canel había entendido a tiempo el valor neto de la sumisión dentro de la casa de cambio del castrismo, a Raúl le vino como anillo al dedo.

En 2009, con Castro convaleciente, Raúl mandó buscar a su sucesor y le entregó la cartera del Ministerio de Educación Superior, un puesto en el que Díaz-Canel no hizo nada que valiera la pena. Yo acababa de ingresar a la universidad en ese entonces, mi facultad quedaba a menos de cien metros de su oficina y, durante todos sus años de ministro, los alumnos de la residencia de F y 3ra tuvimos que seguir subiendo veinte o veintidós pisos por las escaleras para llegar a nuestros apartamentos, porque el ascensor no se arreglaba nunca.

En 2013 Díaz-Canel fue elegido primer vicepresidente del Consejo de Estado y durante cinco años –que no son cualquier cosa, porque son los años veleidosos de la reforma migratoria, de la apertura de relaciones diplomáticas con Estados Unidos, de la visita de Obama a La Habana, de la muerte de Fidel Castro– se las arregló para no decir ni esta boca es mía.

Una caída desde esa altura le habría partido la crisma. Tantos, durante tantos años, reprobaron la entrevista de trabajo para el puesto de sustituto, o creyeron que ya eran administradores de la finca personal en la que los Castro habían convertido a Cuba, cuando solo estaban pasando un período de prueba, que uno tendería a pensar que Díaz-Canel poseía una virtud secreta que el resto no, que descifró algo que nadie más a su alrededor supo descifrar y que se lo guardó para sí. Pero eso también era un error. Cuba se había convertido en un país sin ningún misterio político que desentrañar, un país lineal, de más de veinte pisos, que había que seguir subiendo a diario por las escaleras, con dos cucharadas de potaje y arroz en el estómago y un cubo de agua a cuestas. A Díaz-Canel lo habían vuelto presidente porque representaba mejor que nadie el relato nacional de la supervivencia física, un relato de inmersión consciente en el sopor de la obediencia.

Lo dijo Raúl, orondo, en la toma de posesión de su pupilo: «Él nació en Villa Clara, donde estuvo bastante, pues era un territorio que conocía bien; y fue después de eso que se le envió a una de las provincias grandes de Oriente, Holguín, como hicimos con más de una docena de jóvenes, la mayoría de los cuales llegaron al Buró Político, pero no logramos materializar su preparación. Fue el único sobreviviente, diría yo». Se trataba de un político pusilánime, lo que tenía algo de buena noticia para el país. Su medianía era un buen augurio. La mística y la crueldad de los líderes heroicos llevaron a Cuba a un callejón sin salida: el estalinismo neoliberal.

Desde que lo convirtieron en primer vicepresidente del Consejo de Estado, hasta abril de 2018, fecha en que lo hicieron presidente del país, aquel hombre había quedado atrapado en una cuerda esquizoide, la prueba final en el videojuego psicológico del totalitarismo cubano. Podía decirse, sin faltar a la verdad, que así como se sabía desde hacía algunos años que Díaz-Canel iba a sustituir a Raúl Castro en el poder, no se supo hasta última hora quién era el elegido. La información concerniente a los asuntos gubernamentales siempre se movía entre lo predecible y lo misterioso, entre el conservadurismo burocrático pausado y los golpes de efecto repentinos. Los resultados de unas elecciones se planeaban con años de antelación y también podían cambiar en el último segundo.

El anuncio formal lo agarró bajo presión, y pareció tomar posesión casi a su pesar. Lucía aturdido con semejante regalo, como si no pudiera aceptarlo, pero también aparentaba ser alguien a quien le daba pena o terror hacerle un desaire a la persona que con tanta dedicación había guardado ese puesto para él. La frase que cerró el discurso de despedida de Raúl Castro no fue un enérgico «¡Patria o Muerte!», o un optimista «¡Viva la Revolución!», sino un contundente «Ya acabé», algo nunca visto u oído en actos tan solemnes, como quien se saca un peso de encima.

Cuba parecía representar una carga tal que quien cedía el mando se iba feliz y quien lo recibía no quería agarrarlo del todo. «El compañero general de Ejército Raúl Castro Ruz encabezará las decisiones de mayor trascendencia para el presente y futuro de la nación», dijo Díaz-Canel, sabiendo que, aunque el regalo era suyo, podían sin miramientos volver a quitárselo.

A su vez, yo creía que había gente –negros, mujeres, gays, el reguetón de fondo– inventando un país extranjero dentro de la isla. ¿Cómo podía explicarlo? Porque el delirio que construía el delito también construía, contrario a su voluntad, la virtud. La sospecha alertaba al individuo vigilado, que se ponía a buscar las claves ocultas de una conspiración inexistente y, como no las encontraba, porque no las había, entonces las inventaba y convertía la neurosis de la subversión en una posibilidad racional. Una vez el totalitarismo alcanza su plenitud, comienza inevitablemente a generar su propio sabotaje. Subsiste gracias a la suposición de una amenaza inminente.

Sin interés para los gringos, para los rusos, ni para nadie, tuvieron que fingir que Cuba le importaba todavía a alguien, y no teniendo nada mejor a mano, fingieron que le importaba a los cubanos, los únicos que estaban mínimamente dispuestos a creérselo. El cáncer se comía a sí mismo y la cura venía del exceso de enfermedad. Nadie pensaba que había una posibilidad de cambio hasta que el poder no filtró indirectamente el mensaje codificado del desmantelamiento. Tal cosa le sucedía a la institución dominante a pesar de sí misma, y esa era la razón por la que las medidas económicas o administrativas que la cúpula tardía del castrismo había tomado en los últimos años nos parecían destinadas secretamente al fin último de su devastación.

VIDA BREVE (V)

Esteban Rodríguez López
15 de marzo de 1986
34 años

Nace en el Hospital de Maternidad de Línea, en el Vedado habanero, pero vive en la calle Villegas, frente al parque Cristo en el barrio de Belén, La Habana Vieja. Su madre, Nancy López, es ama de casa, y su padre vende productos agrícolas. Ausente durante buena parte de su infancia, Esteban vuelve a reencontrarse con su padre durante los años últimos de su niñez, hasta que un 30 de diciembre lo asesinan, vísperas de las fiestas de Fin de Año. «Yo tenía quince, él vivía en Luyanó. En la calle Toyo, no sabemos por qué motivos, paró el carro. Lo asaltaron, le dieron una puñalada por la espalda y le robaron el dinero, las prendas. El carro luego apareció por otro lado. Nunca supimos quiénes lo mataron. Lo único que la policía nos dijo fue el motivo del crimen, más nada. Teníamos la fiesta preparada, comida y bebida comprada, y todo se quedó así», recuerda Esteban. Al padre lo operan en el Hospital Miguel Enríquez, pero no sobrevive.

La madre lava ropa para la calle, hace lo que puede.

A Esteban le parece que busca donde no hay. «Le metía el pecho a lo que fuera para que mi hermano y yo no pasáramos hambre. Mi niñez no fue mala. Tampoco buena. Yo no podía exigirle a mi mamá que me comprara un juguete. Me acuerdo que para la escuela se usaba llevar la merienda en bolsitas de plástico así de mallitas, y yo tenía que llevar la mía en una jaba de nailon, pero no podía ponerme bravo, entendía su sacrificio.»

Cuando los muchachos van a bañarse al Malecón y nadan hasta una boya que hay cerca de la entrada de la bahía, Esteban se queda en el muro para que las autoridades no lo retengan y su madre no tenga que regañarlo. No quiere buscarle más dolores de cabeza. «Tampoco yo era un niño tan fácil, no era así tranquilito con la mochila debajo del brazo, tenía mi genio, pero trataba de pensar y darme cuenta de cosas.» En las vacaciones van juntos a Jagüey Grande, provincia Matanzas, para buscar mermelada y aguacates. Allá vive su tía y en el pueblo hay una fábrica de cítricos.

La primaria se llama José Martí. La secundaria, Benito Juárez, queda en la Manzana de Gómez, el inmueble que luego convertirán en el Hotel Kempinski. En el barrio tiene un vecino peculiar, un par de años mayor que él. Se llama Maykel, pero todavía están lejos de sostener una amistad. «Conocerlo fue complicado, porque siempre estuvo en centros de detención, y luego era una persona muy difícil, muy problemática, con quien te podías buscar un problema de la nada. ¿Para qué tú querías a alguien así al lado tuyo? No se dejaba ayudar. Entonces, verdaderamente, yo no tenía ningún interés en contar con la amistad de Maykel», dice. «Si estábamos jugando pelota, él llegaba y se llevaba el guante y el bate. Había que caerle atrás por todo el barrio y luego fajarse.»

Cuando termina el preuniversitario, sin saber mucho hacia dónde ir, si ponerse a trabajar o seguir estudiando, la profesora Felicia le dice que empiece Cultura Física, porque a él le gusta el voleibol. Sin embargo, por esas fechas ya llega la primera avanzada de internet a Cuba. La gente se conecta en las afueras de los hoteles y, con el programa Connectify, Esteban es uno de los primeros que arranca en el negocio, proveyendo internet a otros usuarios a través de su computadora. Primero lo hace en las afueras del Hotel Habana Libre, en el Vedado. Después decide tomárselo más en serio. Compra equipos inalámbricos especializados y, si en principio llegaba a conectar diez u once usuarios a la vez, ahora alcanzan hasta veinte y treinta. En un día puede ganar sesenta y setenta dólares, a veces incluso cien. Un dólar por cada hora de conexión. Ayuda económicamente a su madre y reconstruye la casa, nunca antes ha ganado tanto dinero.

«En el parque Cristo no había router ni nada», dice, «yo era el que llevaba la señal a un barrio entero. Ponía el equipo, parecido a una antena parabólica, lo más alto posible, en alguna azotea, de ahí lo distribuía con un cable para un *switch* y empezaba a repartir por unos nanos, un M2, un M5, y apuntaba en dirección al parque. En cada esquina tenía un muchacho que recibía a quienes iban a conectarse. Luego recogía el dinero, les pagaba a ellos y así transitaba mi vida.»

Después de tres o cuatro años en el negocio, hacia 2016, llega a Cuba un proyecto norteamericano llamado *Cuban All Star*. Detrás se encuentran unos periodistas gringos interesados en filmar un documental con los nuevos emprendedores habaneros, jóvenes que inventan oficios sorprendentes, mezcla de supervivencia e ingenio, tras cierta flexibilización de la economía y la importante reforma migratoria llevada a cabo por el gobierno de Raúl Castro, además, por supuesto, del rutilante deshielo entre Washington y La Habana impulsado por Barack Obama.

Le aseguran a Esteban que no va a correr peligro, él expresa ante las cámaras su inconformidad política con el gobierno del país, dice que es alguien que genera empleo y más cosas que, piensa, al parecer no gustaron en alguna parte. Con la publicación del documental le hacen un registro, le decomisan todos los equipos, que costaron algunos trescientos dólares, otros quinientos o más, y lo llevan a los tribunales. Lo sancionan con ocho meses de la casa al trabajo.

Pocos días antes del referendo constitucional de febrero de 2019, Esteban, sentado en un parque, decide hablar. «Veo lo que está pasando con las votaciones en Cuba y cojo mi teléfono, así a lo loco, y empiezo a transmitir en directo. Digo que las elecciones son una farsa, que nadie está a favor de nada y salgo solo para la calle, de verdad como un loco, a documentar las urnas vacías.» Ahí lo ve un hombre que lleva una página de Facebook llamada el Latinazo Noticias y le propone que transmita para él y tenga más alcance. Una señora, que se vuelve su fan, le envía un teléfono nuevo. Lo llaman opositores, partidos políticos del exilio. La Seguridad del Estado toca entonces a su puerta. Una cosa no viene sin la otra.

Lo meten preso y lo sueltan constantemente, comienza la represión de baja intensidad. Esteban se convierte en una suerte de reportero crudo de las zonas pobres de la ciudad. Alguien le habla de Luis Manuel Otero, a quien aún no conoce, y le sugiere que vaya a documentar su último performance. El 1 de mayo de 2017, durante el desfile en la plaza de la Revolución por el Día de los Trabajadores, el opositor Daniel Llorente corrió unos sesenta metros delante de la plana mayor del país con un pulóver con la bandera cubana y una bandera estadounidense ondeando sobre sus hombros. Al momento, la policía política lo neutralizó y encarceló. Ahora Luis Manuel busca recrear aquel gesto con una carrera en San Isidro entre tres muchachos que van a cubrir la misma distancia que Llorente, cada uno con la bandera gringa encima. «Así nos conocimos», dice Esteban, «y ahí mismo Luis me habla de un colega de mi barrio preso en Valle Grande en huelga de hambre.» Es Maykel Osorbo. Esteban contacta con Univisión, entrevista a la madre de la hija de Maykel y la noticia sale en la prensa internacional.

En enero de 2020, en el barrio de Jesús María, un balcón se derrumba y mata a tres niñas que vienen pasando por la acera. Casualmente una de las niñas es la hija de su padrino de religión, quien le dice que vaya a cubrir la noticia. El medio ADN Cuba, radicado en Miami, lo contacta, y de inmediato empieza a trabajar para ellos. Graba videos en el espacio público, caza cualquier noticia. Visita personas desvalidas y cubre lo mismo un derrumbe en la calle Mercedes que la apertura de un mercado en Cuatro Caminos. Si la Seguridad del Estado rodea la casa de Luis Manuel, Esteban llega hasta el lugar. También desmiente a los aparatos de propaganda del régimen. «Por ejemplo, Díaz-Canel pone un tuit donde sale una mujer detrás de una tarima repleta de productos y alimentos. Al otro día yo voy a la tarima y la filmo vacía, no hay nada», dice.

Comienza una suerte de *reality* en el que documenta cómo es su vida con la policía política pisándole los talones, las veces que lo secuestran y lo amenazan. Poco a poco empieza a salir de la zona de La Habana Vieja. Sus colegas de ADN Cuba le dan direcciones para que vaya y compruebe si lo que está pasando allí es real, si verdaderamente hay una familia enferma como dicen o cualquier otro asunto del que hacerse cargo. «Tenía que verificar la noticia, eso era importante, porque si no después la dictadura salía a decir que publicábamos mentiras.» Finalmente le encuentra un nombre a su sección: «El barrio habla». Ahí recoge las denuncias de los ciudadanos con problemas habitacionales, personas sin casa, madres solteras con sus hijos, gente vulnerable.

Averigua por locales vacíos. Cuando hallan alguno, rompen la puerta y entran las mujeres. «Tú puedes decir: "No, rompió la puerta, está violando la propiedad privada". No es así, porque Fidel Castro dijo en un discurso que las propiedades ociosas las podían tomar las madres con sus hijos. Un caso fue en la calle Monserrate entre Villegas y Muralla. Había un local grandísimo de la juventud comunista para guardar cosas inservibles. Entramos y solo vimos un buró y una silla.» A través de Esteban, más de quince familias de La Habana Vieja encuentran un techo. «Después no las podían sacar. Teníamos el internet», dice. «Yo les explicaba que todo había que hacerlo público, que documentaran todo, que cuando viniera algún tipo del gobierno a caerles a mentiras, lo grabaran y me lo enviaran, que yo lo posteaba. Eran madres, muy difícil sacar a una madre.» Su mujer, Zuleidy Gómez, con quien lleva once años juntos, lo acompaña en su cruzada. Tienen una hija en común y otras dos que él ha ayudado a educar.

Antes del acuartelamiento, Esteban también va a preguntar por Denis Solís a la estación de Cuba y Chacón y termina cada noche en un calabozo en las afueras de la ciudad, en su caso en el Cotorro. Lo sueltan siempre de madrugada. Se cansa, quiere hacer alguna otra cosa. Cuando el tribunal de Teniente Rey y Zulueta niega la solicitud de *habeas corpus*, ya con la condena de Denis emitida, Luis los cita a todos a las seis de la tarde en su casa. «A esa hora yo tomo un bicitaxi y veo que hay patrullas afuera de San Isidro. Le pago la carrera al bicitaxero, le digo que baje las cortinas y que no pare en la esquina, que siga, que yo me voy a tirar. Ahí brinco y corro para Damas 955. Ya había varia gente adentro. Convoqué, además, a Adrián Rubio y a Osmani Pardo.»

Para Esteban, los días siguientes son terribles. «Muy estresante, tú no sabías qué iba a pasar, cuándo iban a entrar, si de verdad iban a entrar. A veces no podías ni dormir. Nos tiran un líquido por el patio, un tipo mandado por la Seguridad rompe un pedazo de la puerta un día. A mí me dio una crisis de asma, soy asmático, y después también voy a huelga, cuando le quitan el dinero a la vecina.» Su familia lo visita. Al menos durante los primeros días, Zuleidy y sus hijas son prácticamente las únicas personas que la policía política deja entrar. Llevan comida, tarjetas de celular para conectarse a internet, y alguna que otra noticia del mundo exterior. «Yo tenía miedo de que fueran a coger a mi hija y le hicieran algo y tomaran represalias con ella», dice Esteban. «Sí, yo tenía miedo. Sin temor a equivocarme, no la pasé bien.»

PRIMER INTERROGATORIO (O SEGUNDO)

Cuatro días después del allanamiento una doctora me entregó mi test de coronavirus con resultado negativo. Eso significaba que en principio podía salir a la calle, pero la patrulla continuaba parqueada bajo el apartamento. No me moví a ninguna parte. Llamé a mi padre para que fuera a visitarme. Llegó en la noche, con mi madrastra, mi hermana y la hija de mi hermana, una pequeña de apenas seis meses.

El nacimiento de su nieta era la razón por la que mi padre estaba en Cuba, pues vivía en Miami desde hacía ya siete años. Con la reapertura de los vuelos, iba a devolverse a Hialeah Gardens, cuando, sentado en el sofá de su casa de Lawton, barrio ubicado al interior de La Habana, mi hermana le dijo que yo me había unido al acuartelamiento de San Isidro y le entregó el celular para que chequeara la noticia. Ahí atrasó inmediatamente su fecha de partida para finales de diciembre. Mi padre y yo nos habíamos vuelto amigos, verdaderos camaradas, y él decidió aprovechar la oportunidad que le daba la policía política para reivindicarse de algún modo como figura tutelar.

Esa vez se quedaron todos a dormir, no había taxis de madrugada. Mi padre, asustado, me preguntó qué iba a hacer. Mi madrastra dijo algo, una nadería, y la olvidé rápidamente. Hablé con silencio. Quien estaba dispuesto a escuchar, comprendió. Agradecí mucho esa primera compañía. Volvieron a su casa temprano en la mañana y justo cuando bajaron las escaleras dos agentes tocaron la puerta del apartamento. Pensé que era mi familia, que habían dejado alguna cosa. Tampoco se trataba de unos desconocidos. Casi nueve meses atrás, en la tarde noche del 14 de marzo, nos habíamos visto las caras en el aeropuerto de La Habana. Yo viajaba a Ciudad de México apenas un poco antes de que cerraran definitivamente las fronteras y solo unas horas después de haber sacado a Luis Manuel Otero de la cárcel.

El oficial de Inmigración tomó mi pasaporte y me dijo que esperara a un lado. Empezaba la temporada de la pandemia. El cubrebocas condensaba la respiración, los lentes se empañaban. Era esa una representación aceptable de Cuba, un país con cubrebocas, la respiración secuestrada, la mirada obstruida por la niebla del jadeo. Todo lo que es reducible viene de un orden injusto. Había bebido muchas cervezas en la madrugada anterior, festejando en un antro de la calle 25, mientras la uña de la libertad abría un hueco de asombro en el fango de nuestros cuerpos.

Vino una mujer y se llevó el pasaporte. Vivíamos acostumbrados a la parsimonia del sobresalto, la expresión burocrática del susto. Por eso, como primero se escapaba de la dictadura era metiéndose en ella, yendo a buscarla. Tener que mostrarse es siempre una flaqueza del poder. Uno quería ya que aparecieran, terminar de asustarse de una vez. Pasaron varios minutos. Cierta tristeza principal los estiraba, la tristeza histórica del absurdo último. ¿Por qué las cosas eran así? La mujer regresó con mi pasaporte y me dijo que la siguiera. Una oficial con uniforme militar, seca, impertérrita. Parecía recortada de todo, pero yo sabía que había bailado reguetón alguna vez, que había visto pornografía y comido frijoles negros.

Cruzamos Inmigración y la revisión de Aduana. Me pusieron el sello de salida en el pasaporte, iban a dejarme ir. La Habana quedaba atrás. Después de haberse situado por delante, dibujada en el aire con el carbón del delirio; y después de habernos movido a la par, como falsos cuerpos idénticos, en ese lugar definitivo había encallado la ciudad. Pero ¿atrás de qué? ¿Atrás de la vida, quizá? En ningún mapa del tiempo, en ninguna de las rutas futuras, ni siquiera en los planes de fuga o huida, aparecía de nuevo La Habana como lo que había sido alguna vez: una promesa de rescate, una tentación o un hallazgo íntimo. Se trataba de un sitio precariamente dispuesto entre la bruma de la melancolía y la trampa de la indiferencia. Solo la línea de sal de su asfixiante situación política, lo que en otro momento habría degenerado en asco o desprecio, hacía que La Habana adquiriera todavía algún sentido para mí. Uno contingente y frágil, pero sentido al fin, el de la justicia pospuesta.

Faltaba una hora y media para el vuelo. La mujer me condujo hasta un superior suyo, un hombre alto, atlético, ojos verdes. Llevaba una tablilla en la mano. Su cordialidad tenía un punto de interés, porque se trataba de alguien genuinamente afable en medio de una situación arbitraria. Hablamos poco, agradecí eso. Me dijo que se trataba solo de unas preguntas, no iban a robarme mucho tiempo. Mentía, por fuerza. Ningún hombre como este, formalmente constituido, sin oportunidad de renuncia, podía convertirse en mi aliado desde que el país entero se había vuelto mi enemigo. Un hombre bueno en una situación mala se vuelve un hombre malo que finge.

Pasé los baños y las tiendas de bisutería de la Terminal 3, la composición vulgar del parque simbólico de la revolución: las cajas de tabaco Cohíba, las botellas Havana Club, el rostro del Che Guevara. Un batiburrillo pop de ideología descosida, una tela de ilusión remendada con parches de terror, hasta que el parche terminó volviéndose toda la tela. Crucé otra revisión y el oficial me dejó en una oficina pequeña, desangelada. Ahí estaban, por fin. Tuve que sentarme frente a ellos. Quería ver de quiénes se trataba. Los miré, escondidos detrás de unos cubrebocas verdes, un siniestro verde oscuro de enfermería municipal. ¿Así que eran ustedes? Los había visto siempre, me había cruzado con ellos en la calle cada día de mi vida en el país.

Cualquier cubano que estuviese dispuesto a meter la vista en la multitud, en la fila de la bodega, en esos planos de jolgorio popular tan llevados y traídos en los videoclips nacionales, iba a encontrarse sin falta con estos dos hombres. Incluso cualquier cubano que se mirase al espejo, si en ese mirar no rompiera el espejo de un puñetazo, o, por no cortarse la mano, si no lo rompiera entonces con un martillo, podía encontrarlos también.

No representaban el dueto policía bueno/policía malo. Uno, el jefe, era más bajo, comprimido, tenía la boca llena de sandeces. El otro era ancho, fuerte, casi no cabía en su silla y no parecía jugar allí ningún rol más o menos definido. Quizá, como cuenta Barbara Demick en *Querido Líder*, iban en pareja por la misma razón que en Corea del Norte el régimen dinástico coloca dos guías a los periodistas extranjeros, para que se vigilen entre ellos y ninguno incumpla el guión prescrito. Visto lo visto, yo también era un periodista extranjero para mis dos oficiales, de ese tipo específico de extranjero que son los cubanos que han renunciado a la patria local del castrismo.

Creí que al segundo de ellos lo habían llevado al interrogatorio para que aprendiera. Un oficial inexperto que apoyaba a otro más experimentado e incorporaba así el funcionamiento inquisidor. Les pregunté sus nombres. Se llamaban algo como Carlos o Alejandro o Jorge. Nombres falsos, los nombres de siempre, nombres de reyes muertos. No dijeron llamarse Yasmany o Yasiel, nombres de verdad, de gente real que sudaba. Yo estaba convencido de que así se llamaban, que respondían por Maikel o Yandro cuando salían a la calle y uno los veía sobrevivir como el resto, padeciendo el sol duro de las víctimas. Siempre usaban alias y nada delataba más que un alias. Como la palabra pertenecía a la historia, era el represor quien tenía que esconderse, quien no podía revelar su nombre, pasando como un fantasma por la sala del juicio último, una sala modesta pero definitiva, donde nos jugábamos el merecimiento de esa criatura extraña que es la libertad. ¿De quién se esconde el represor, si es él quien reprime? Se esconde de un momento venidero al que algunos nos habíamos lanzado, y esa era básicamente la razón por la que nos interrogaban. Bajo la máscara de alguna culpabilidad presente, lo que los represores en verdad nos preguntaban era cómo funcionaba la época nuestra que ellos desconocían. Es frágil, les habríamos dicho, no es un tiempo concluido como el tiempo en el que ustedes viven. Pero quien pregunta mucho tampoco quiere escuchar, sino abatir al otro.

El oficial jefe tenía un acento habanero, más áspero y prosódico; el otro, un acento oriental, más derretido y rítmico. El subordinado no habló mucho, pero en el poco espacio que tuvo se las arregló para revelar sus dotes particulares. En el servicio militar los había visto como él. Muchos de ellos, al cabo de los años, terminaban bañados en alcohol, con olor a gasolina encima, esperando la llegada de agosto para agarrar un estímulo de fin de semana en un campismo desvencijado del litoral norte de la isla.

103

Su jefe escupía las palabras y a él le incomodaba el cubrebocas, que se movía y lo ahogaba. Cuando decía algo, las palabras, como babeadas, se le amontonaban en el bozal de tela. Morían indistinguibles, un montón de sonidos apachurrados que ni yo ni su jefe lográbamos desamarrar. Extraer alguna idea de su balbuceo era como ponerse a escoger arroz. El jefe lo miraba con paciencia, sin recriminarle. El subordinado corría el cubrebocas con la mano y hablaba entonces de costado, soltando por un lateral.

Cuando sus palabras finalmente llegaban, venían entonces con la forma y el tono de una pregunta ya anteriormente hecha por su jefe. «Acabo de responder eso», le dije un par de veces. A lo mejor él también estaba bajo supervisión. Había que preguntar algo y no sabía qué. Parecía uno de esos alumnos que entran a la última clase del curso sin evaluación oral y se ven obligados a intervenir solo para no reprobar.

Si él no tenía ninguna idea, su jefe tenía una. Fija, absoluta, y se la reservaba para sí. Todos hemos visto eso alguna vez, la idea de un hombre bárbaro en situación de poder que cree llevar la razón. ¿Cuánto te pagan por tus publicaciones?, preguntó, ¿quién te paga?, ¿de dónde conoces a quienes conoces?, ¿quién los unió?, y así muchas más. Eran ellos los que nos habían unido, por supuesto, pero no estoy seguro de habérselo dicho. El caracol retórico de sus preguntas los enroscaba. Creían que todo el mundo funcionaba por órdenes, por un estímulo mísero, sometido a jerarquías oscuras.

El oficial que me había llevado hasta allí entró de golpe en la habitación y les dijo que no faltaba mucho para el vuelo. Luego se fue, cordialmente cómplice. No encontré manera de responder aquella avalancha hilarante con rectitud mínima, o con cierta dignidad, o incluso con leve sarcasmo, que era, no sin condescendencia, como me había imaginado a mí mismo cuando llegase esta situación. Me tenían atrapado en su relato viscoso.

Hicieron muchas preguntas sobre mis amigos, también sobre mi familia. Me enseñaron fotos de personas que no conocía o que había visto alguna vez muy brevemente. ¿Qué tipo de vínculos y conspiraciones suponían aquellas cabezas?, pensé. Si esto suena vago, es porque lo es. Buscaban algo que no había. Que yo no sabía qué era y ellos menos, algo cuyo pasado solo existía en la medida en que ellos lo construían allí. Empanizaban la memoria del delito con la harina del sinsentido, embarrándolo todo de un razonamiento pegajoso, ensuciándome.

Traté tanto como pude de montarme encima del pensamiento que ellos estaban produciendo en mí, del pensamiento de las respuestas, y en cada ocasión que eso sucedió me di cuenta de que intentaba no delatar a nadie. No podía hacerlo, desde luego, porque no había a quién delatar, pero a los interrogadores eso no les interesaba, porque lo que ellos pretendían no era que yo delatara, sino, justamente, que yo intentara no delatar. Así se demostraba que había alguien encubierto que podía ser delatado.

El crimen, sin embargo, sí existía y era el país. Solo si esos dos oficiales fingían investigarme, podían terminar salvándose. La época que yo había vivido no podía leerse como la parábola de la destrucción absoluta del individuo, sino, al contrario, como el proceso donde el individuo adquiría anticuerpos y engañaba al Gran Hermano. No lo amaba y le ponía los cuernos, pero al Gran Hermano le servía, pues no solo se sabía engañado, sino que había buscado tal cosa, crear en su fase final un tipo de individuo mentiroso y escurridizo que se movía como un adúltero de sí mismo y cuyos anticuerpos eran apenas otra expresión de la enfermedad. Al fin y al cabo, no había infidelidad que no estuviera ya dentro del matrimonio, pero si mis interrogadores no suscribían ese contrato nupcial y seguían investigando quién había emprendido el descuartizamiento de Cuba, a la salida solo podía esperarles el exilio o la muerte civil, el mismo destino de casi todos aquellos que anteriormente habían desentrañado a fondo ese crimen sencillo.

Cuando intentaron presionar, hora y tanto después, ya era un poco tarde y se atropellaron. El tercer oficial volvió a entrar y les dijo que no podía detener más el vuelo. Corrí hasta el avión y busqué mi asiento. Los pasajeros me miraron con rechazo. Seguramente pensaban que había hecho todo en el último minuto.

Ahora los tenía nuevamente frente a mí y entre un encuentro y otro solo parecía haber transcurrido un pestañazo. Iniciaba el segundo acto, la misma variación de un tema idéntico. Montamos en un Lada rojo poco antes de las once de la mañana y me devolvieron cerca de las dos de la tarde. Terminamos en una casa alrededor de las calles 202 y 23, en el lujoso reparto Siboney, al oeste de la ciudad. Sumaban tres agentes. A los dos subalternos vestidos de paisano se incorporaba otro, más jefe todavía. Se hacía llamar Saucedo, un mulato fuerte, coronel o general, que rondaba los cincuenta.

Me brindaron queso, jamón, chorizo, jugo de mango que venía en una caja de limón, y almuerzo. No acepté nada, solo agua. Fui a orinar varias veces, porque el aire acondicionado y el agua hacen que orine mucho. Dijeron que yo era inteligente, pero que me hacía el bobo. Me llamaron «mentiroso» muchas veces y afirmaron, otras tantas, que el gobierno de Estados Unidos me financiaba. No creían que había llegado a San Isidro por solidaridad, seguían convencidos de que alguien me mandaba, que obedecía órdenes de agentes extranjeros para lo que ellos llamaban «la subversión».

Por momentos intentaban conciliar y por momentos se volvían amenazantes. Insistieron en que comiera, se dieron cuenta de que no quería. Me preguntaron por mis planes futuros. No tenía la menor idea de lo que eso significaba. No iba a renunciar a mis amigos, quería recuperar mis libros y mis zapatos, que quedaron en Damas 955, y pensaba participar en las discusiones públicas del ámbito cultural que sucedían en ese momento. Me recordaron cuál era el límite: «Dentro de la Revolución todo, contra la Revolución nada». Una frase de Fidel Castro. «Nefasta», apunté, y ahí empezaron con consignas.

Dijeron de nuevo «Revolución» y les dije que no era revolución, que era dictadura. Se molestaban cuando les disputaba el lenguaje, como si alguien los estuviera oyendo y no pudieran no salir al paso, so pena de castigo. Trataba, incluso inmodestamente, de desautomatizar conceptos en manos de una élite política conservadora y más adelante me di cuenta de que se trataba de una tarea que, aunque la emprendiera en un territorio particular, servía también para cualquier parte. Si ellos me preguntaban si iba a cometer algún tipo de acción contrarrevolucionaria (estoy usando exactamente su sintaxis), yo decía que no, desde luego, ¿a quién se le ocurriría semejante cosa?

Les expliqué por qué técnicamente lo que había en Cuba no era una revolución, pero ellos me dijeron que era una revolución viva, victoriosa, digna, fuerte, ni tantico así, y no se hablaba más. «No se sabe qué es dentro o fuera de la revolución», les dije, «así que al final ustedes siguen controlando nuestros cuerpos y actos a discreción.» Ahí entendían, por mi tono, el desacato manifiesto a sus normas semánticas. Intentaban entonces contrarrestar, pero aquello se convertía de inmediato en un batiburrillo de malentendidos que terminaba por agotarnos a todos, hasta que pasábamos a otros temas de su interés.

Esa figura de control autoritario había adquirido forma bajo el nombre de Licurgo, padre fundador de Esparta, «el primero que compone un mundo que excluye el mundo» cuando echa a rodar sus principios identitarios: no escribir leyes, condenar el lujo. Castro hizo lo mismo en Cuba. Su ley fue siempre oral. La palabra maltratada de sus interminables discursos valía más que cualquier legajo constitucional; sentenciosa, abrumadora y escolástica, su palabra no dibujaba ningún bien material, la ganancia de ninguna riqueza.

El paralelismo me servía para obtener una conciencia más pulida del tipo de poder que enfrentaba, su larga permanencia. Proyectos que pernoctaban en el caldo burbujeante de la historia y de golpe volvían a florecer. En *Las bodas de Cadmo y Harmonía*, Roberto Calasso decía que los modernos encontrábamos en Tucídides señales que historiadores anteriores a nosotros no podían prefigurar, justo porque desconocían la experiencia de Stalin, y luego glosaba un evento en que los lacedemonios desaparecieron, sin dejar rastro, a dos mil de sus ilotas o esclavos, potenciales disidentes del férreo Estado espartano. «Sospechando de ellos mandaron pregonar que los más valientes fuesen escogidos y les diesen esperanzas de libertad, queriendo conocer sus intenciones», se leía en *Historia de la guerra del Peloponeso*. Pero había aún otro pasaje más revelador del procedimiento estalinista, un momento muy sofisticado que a Calasso se le escapaba, quizá porque no lo vivió. Los plateos, ciudadanos de la región de Beocia, acudieron ante los jueces espartanos y se les escuchó decir: «Creemos que este juicio es sobre nuestras vidas y que no venís a juzgarnos con justicia, siendo evidente señal de ello que no precede ninguna acusación a que debamos responder, sino solamente nos demandan que hablemos».

«El largo recorrido del rey sagrado al Politburó se realizaba en un solo gesto», apuntaba Calasso. En aquella tierra militarizada y funcionalista el poder había pasado a los éforos, suerte de sacerdotes vigilantes, guardianes en las sombras de la institución pública. «No era necesario decapitar a los reyes. Seguirían en su puesto, pero vaciados de poder. Si molestaban, sin embargo, podía ocurrir que los éforos decidieran "matarles sin proceso".» Y más adelante: «A un lado un rey divino, que sostiene con su cuerpo los atributos de la soberanía cósmica; al otro, seres tendencialmente sin cara y sin nombre, omnividentes inquisidores: entre ambos extremos corre toda la historia política. Es la historia de la transformación del poder litúrgico en poder invisible». Resulta difícil encontrar unas líneas que definan con mayor celeridad y economía de gestos el arco de los totalitarismos, entre ellos el cubano, por supuesto.

Cualquiera que hubiera entrevisto en alguna de sus múltiples formas a la virgen aglutinante de la Seguridad del Estado, una deidad netamente pagana, sabía que Díaz-Canel ocupaba justamente un puesto vaciado de poder y que realmente gobernaban la isla los «seres tendencialmente sin cara», quizá no aquel que te interrogaba, pero sí otros que pertenecían a su misma estirpe y jugaban un papel similar. Quienes estudiaban las formas vigentes de la administración castrista y se limitaban a reseñar y discutir sus estatutos escritos, sus acápites y decretos formales, y obviaban, aceptando su no existencia, las verdaderas reglas fundamentales, las cláusulas omitidas, las desgarradoras normas flotantes del orden policial, cometían una traición intelectual que les garantizaba cierta subsistencia cómplice. Aquel que decía que lo que no se veía no sucedía, en verdad le estaba pidiendo a aquello que no se veía que no arrasara con él, es decir, tenía más conciencia de la presencia de esa virgen, de ese ojo siempre abierto, que ningún otro ciudadano, porque el gran invento de los espartanos fue «conseguir que el terror fuera percibido como normalidad».

No había riesgo en aventurar que Díaz-Canel carecía de voluntad o poder político alguno, pero yo podía, en cambio, ir un tanto más allá y decir que, en algún punto, Fidel Castro también. Cuando un tirano visitaba algunos de sus territorios y esos territorios habían sido expresamente engalanados para él, encontrábamos ahí el principio de un escamoteo de lo real que luego iba a adquirir connotaciones más dramáticas. Enfermo, Castro dijo que el modelo cubano no funcionaba ni siquiera para nosotros. Tenemos la opción, más plana, de pensar que se trataba simplemente de una salida cínica o demagógica, pero de la misma manera sospechar, y no habría contradicción alguna entre ambas posibilidades, que a la máquina que Castro inventó ya no le importaba en lo absoluto lo que su líder pensara. De hecho, el castrismo aprendió a alimentarse del fracaso estrepitoso de casi cada una de las empresas de su jefe, desde la Zafra de los Diez Millones hasta la Batalla de Ideas. Si triunfaba, Castro habría echado a perder aquel prodigio, de ahí que en los años noventa, cuando empezó a sacar al país de una severa crisis económica después de algunas medidas liberalizadoras, tuvo que volver a sabotearlo de inmediato.

A él tampoco le gustó el acercamiento con Obama, pero no tenía manera de detenerlo, su obra le lanzaba un amargo adiós y lo dejaba en el andén, decrépito. Raúl Castro, su hermano menor, pidió durante su mandato no entorpecer el desarrollo de las pequeñas y medianas empresas privadas o que la prensa partidista ejerciera un papel más crítico. ¡Ay de quien se tomara en serio aquellas palabras!, pues no había entendido aún qué es lo que realmente mandaba en Cuba. Algunas desobediencias los tiranos no las podían castigar, porque quien desobedecía en tales casos era la tiranía, algo más fuerte aún que ellos.

Pocos meses antes de la caída del Muro de Berlín, Raúl dijo haber llorado frente al espejo del baño, mientras se afeitaba, al darse cuenta de que el general Ochoa los había traicionado. Se trataba de un eufemismo. Lloró al darse cuenta de que lo iban a fusilar y lo iban a fusilar los éforos, algo de lo que ni siquiera él podía salvarlo. Nada de lo anterior suponía una responsabilidad individual menor para el tirano y sus secuaces, al contrario, eran culpables de incrustar en los hábitos ajenos un proyecto que los trascendía, una sustancia viscosa que no se diluía con la muerte de ninguno de sus artífices.

Los espartanos descubrieron, y fijaron en el anaquel del tiempo, que «el auténtico enemigo era la superabundancia que pertenece a la vida». La Seguridad del Estado no ansiaba «la voracidad del poder. Suyo, y únicamente suyo, es el placer de la policía, que es más sutil y duradero: sentir la dependencia de la vida ajena del propio arbitrio, pero permaneciendo en el anonimato. Parte de un cuerpo, de un equipo de lobos».

Ese equipo de lobos sabía que en cuanto saliera de allí iba a escribir sobre ellos y me pareció creer que actuaban un poco en función de eso, lo cual explica que me preguntaran cómo me había sentido en la conversación. Les dije que era un interrogatorio y me dijeron que yo no había visto lo que era un interrogatorio. Les dije que difamaron de mí en la televisión, ¿cómo podía yo creer entonces que lo que allí hacíamos era conversar?

«Ahora, cuando escribas tu nota, pon tal cosa», replicaron. Pero no puse nada, porque no era el mecanógrafo de la policía política. Me preguntaron de nuevo qué me había parecido el trato. Les dije que me sentía mal. No importaba cuán amables fueran o quisieran ser por mo-

111

mentos, la naturaleza del hecho era en sí misma violenta, y la bondad, en la medida en que intentaba justamente tapar esa naturaleza esencial, lo volvía todo aún más incómodo. Me propusieron tomarnos un café más adelante. Siempre intentaban captarte. Les dije que solo a través del interrogatorio podrían ellos hablar conmigo. «Pero bueno», dijeron, «tú has visto que no te hemos golpeado, que no te hemos dañado.» Me eché a reír. «Eso no es un mérito», les dije, «no lo es.»

VIDA BREVE (VI)

Adrián Rubio Santos
29 de agosto de 2002
18 años

Nace en el Hospital Hijas de Galicia, en el municipio habanero Diez de Octubre, pero vive en el Cotorro, primero en la localidad de Alberro, luego en el reparto Lotería con su madre ama de casa, Isbel Santos, y Ruth, su hermana menor. El padre, Máximo Rubio, detesta a su hijo, y no se reconocen como tal. Dentro de la policía, Máximo mata a un muchacho que robaba tamarindos en la mata de una casa privada. No va preso, solo pierde la placa de oficial y pasa a trabajar a la fábrica Antillana de Acero. En las horas extras hace labores de carpintería. Tras una discusión con un compañero, lo machetea y le corta la cara. «Fue una discusión entre carpinteros», dice Adrián, «sobre quién barnizaba mejor o algo de eso, o con qué materiales. Ahí se fajan, el tipo se caga en la madre de mi papá, y él va a su casa y busca el machete.»

En cuanto Isbel pare, Máximo revienta el matrimonio. «Empezaron a pasar cosas muy malas entre él y mi mamá. La botó de la casa, tiznó todo el techo, orinaba en

113

los búcaros y decía que era yo, que mi mamá me mandaba orinar para hacerlo sentir mal.» Ya adolescente, Adrián va un día a la panadería y se encuentra a Máximo en la calle. «Él es comunista, tiene varios cargos en el Partido, y me gritó: "Yo te entierro a ti por contrarrevolucionario y maricón".» De su padrastro, el padre de su hermana, guarda mejores recuerdos, alguien que se preocupa por comprarle ropas y garantizar su alimentación.

En el registro que en algún momento cada individuo disidente hace de su propia vida, buscando los primeros episodios de desobediencia política, Adrián encuentra que en la primaria Luis Ruiz Pallarés, a su manera, convoca a una reunión con los maestros para preguntarles por qué al arroz del almuerzo le falta aceite y por qué los cocineros se llevan las cucharas de la escuela. Desde bien temprano quieren enviarlo a un centro especial, pero la madre en principio se opone. Adrián tiene una dificultad en el habla que lo vuelve fañoso. «En la escuela siempre me decían cosas, claro. Eso es así desde que nací, y según los diagnósticos que me han hecho los otorrinos, tactos, sondas por la nariz que me han sacado por la boca y no sé cuántas cosas, lo que tengo es una alergia. Por un tiempo tomé unas pastillas, no me acuerdo cuáles son. Me pasé meses y meses tomándolas, y la verdad que mejoré bastante. Antes yo hablaba y no se me entendía nada.»

Abandona la escuela después de repetir tres veces octavo grado. «No tenía zapatos para ir. Hubo un curso que tuve que empezarlo con unas botas. Vaya, la mayor vergüenza de mi historia. Me sentía rechazado, humillado y burlado, los niños me pasaban por el lado y se reían. Ahí dije que no iba más a la escuela, y no fui.» Empieza a visitar La Cuevita, un mercado callejero del municipio San Miguel del Padrón, donde compra artículos que luego vende más caro por su barrio. «Menos medicamentos, vendía lo que fuera, cosas indebidas. Comino, ajo, cebolla, pescado, un pulóver, tres pantalones, cuatro pares de audífonos, pasas de comer, un teléfono. Lo que yo pudiera comerciar, se iba.»

Al mismo tiempo, en una escuela particular pentecostal aprende a trabajar el papel maché, figuras que luego se venden, aunque a los muchachos no les pagan nada. Le piden, cada vez que asiste, que se aprenda un versículo de la Biblia, y cuando verifican que en verdad lo ha memorizado, le entregan las pinturas, los papeles, el material. El oficio le sirve luego para aceptar algunos encargos por su cuenta. Justo en ese antro evangelista, lo que solo puede calificarse como justicia poética, Adrián conoce al muchacho con el que tiene su primera relación sexual, a los dieciséis años. «Él me gustó, yo le gusté y se me acercó. Yo no podía hacerlo, porque sabía que él tenía mujer, pero bueno, me habló y pasó. Nos fuimos a un alquiler y estuvimos y ya.»

Solo unos meses después Adrián decide entrar en contacto con algún grupo disidente. La pobreza, su vida al margen, lo arroja tempranamente a un escenario violento, si es que alguna vez no se ha encontrado ahí. «A cualquiera le decía: "Ay, yo necesito buscar opositores, yo quiero unirme a los opositores".» Alguien le indica dónde queda la sede nacional de las Damas de Blanco, un grupo de mujeres disidentes muy activo desde la Primavera Negra de 2003, fecha en que Fidel Castro fusiló a tres jóvenes que intentaron secuestrar una lancha para largarse a la Florida y encarceló a setenta y cinco periodistas independientes. Un día lluvioso de agosto de 2020 toma la ruta P-7, se baja dos paradas después de La Virgen del Camino, pasa una tienda señalada, sigue loma arriba, dobla a la derecha y encuentra una casa con dos carteles. Uno dice: «Abajo los Castro», el otro: «Libertad». Ve los cielos abiertos. Es la vivienda de Ángel Moya y Berta Soler, la líder de la organización. Ambos son dos opositores connotados.

Adrián pregunta por Berta y ella misma le responde que Berta no se encuentra, que está para Matanzas. Teme que se trate de un chivato. Ángel lo atiende y le dice que ahora hay pandemia, todo se encuentra detenido, pero que puede visitarlos cada vez que lo desee y siempre va a ser bien recibido. Luego le toma una foto, para reportar su caso si alguien lo interroga cuando salga de allí. En efecto, a las pocas cuadras un oficial que se hace llamar Arturo Tendedera lo detiene y le pregunta a qué ha ido a aquella casa. «Los cocineros van a la cocina, los médicos al hospital, y los que están contra el gobierno van para la oposición», dice Adrián. Anotan sus datos, le advierten que no puede volver por el lugar, y justo a los tres días llega una citación para el Servicio Militar Obligatorio.

Adrián sigue visitando la sede de las Damas de Blanco. Un teniente coronel lo interroga y lo amenaza, tiene que entrar al ejército. Adrián, decidido, no va a ir a ninguna parte, Ángel Moya empieza a reportar su caso y él también. «Transmití en directo por Facebook y dije que me negaba a empuñar armas tanto a favor como contra el régimen comunista de Cuba, que yo no empuñaba armas. Entonces llegó el día del chequeo médico, una multitud de jóvenes horribles de todo el Cotorro. Fui para allá, y el primer nombre que dijeron, el número uno, ¿cuál fue? Adrián Rubio Santos. La Seguridad del Estado presente, por supuesto. Dos represores. No recuerdo sus nombres. Rápido formé el escándalo, dije que no iba a ir al servicio militar porque estaba en contra del régimen comunista, denles leche a los niños, denle libertad de expresión al pueblo, denle derecho de movimiento y denle una mejor alimentación y una mejor representación civil a todos los cubanos, que estamos desamparados en medio de tanta hambre, miseria y enfermedad. Me quedé vacío.»

Automáticamente lo detienen, le ponen las esposas y lo conducen por una escalera. Su madre, que lo ha acompañado, espera afuera. Adrián pasa por su lado, no pueden acercarse. Lo trancan en la Unidad Policial del Cotorro, lo amenazan, lo atosigan y le brindan comida, pero él la rechaza por miedo. El teléfono lo ha dejado en casa porque sabe que podrían habérselo quitado, pero ya Ángel Moya y Berta Soler reportan por él. Cuando lo sueltan, la jefa del Comité Militar lo llama «miserable» porque viste un pantalón rajado y no tiene teléfono. «Dichosa tú, que recibes dinero y regalitos de todas las madres», le dice, lo que le cuesta otras nueve horas de calabozo.

Poco después Esteban Rodríguez contacta con Ángel Moya. Quiere entrevistar a Adrián en su programa *El barrio habla*. Un domingo de septiembre Adrián se aparece en Belén, pero Esteban se encuentra en ese momento en la casa de Luis Manuel en San Isidro. «Conocí a todo el mundo al mismo tiempo», dice. «Ahí estaban Anamely, Maykel, Iliana y Denis.» Los dos meses siguientes lo curten un poco. Hay más detenciones e interrogatorios. Nunca lleva celular, le aterra que se lo quiten. Antes del acuartelamiento, acompaña un día al resto del grupo en las afueras de la estación de Cuba y Chacón. También se lo llevan preso, y Esteban le indica que no vaya más hasta que le avisen, lo que sucede para la lectura de poesía. «Me mandé solo para San Isidro, no sé ni cómo no me perdí, porque yo había estado allí una sola vez. Recuerdo que doblé por la casita de José Martí y un policía me pidió el carnet de identidad. Me hice el que buscaba el carnet en la carterita y dije "Ay, no" y me agaché como si fuera a recogerlo y me puse a correr, a correr, a correr sin parar, con lo gordo que yo estoy.»

Adrián recuerda los días del acuartelamiento con más nitidez que cualquier otro participante. Por un lado, le parece tenebroso. Conoce el espanto, no sabe lo que puede pasar. Desde el segundo día los vecinos les cuentan a los acuartelados lo que se comenta en la calle, informaciones que la misma Seguridad del Estado echa a rodar. Piensan que van a entrar las Tropas Especiales, que no saben a qué hora, que van a acabar con aquello. Algunos duermen abajo y otros arriba. Entre ellos, Adrián, que vocifera más de una noche. «Yo desde niño duermo mal y grito por la madrugada y ahí grité bastante y todo el mundo pensó que ya habían entrado, pero era yo. Recuerdo que guardé mi telefonito en un cacharro debajo de la taza del baño, porque ese era el único celular que yo tenía, y si esa gente se metía ahí me lo iban a hacer mierda, hasta que al cuarto día logré sacarlo con una persona y le dije que cuando acabara todo yo pasaba un día por su casa y lo recogía, y así fue.»

Por otra parte, confiesa nunca antes haberse sentido tan bien en la vida. «Fuimos intelectuales, homosexuales, callejeros, artistas, personas estudiadas, personas de bajo nivel, gente de toda clase. Estuvimos allí viviendo juntos todos esos caracteres, todas esas formas de pensar juntas, y practicábamos la democracia, no era una cosa de que si Luis Manuel o alguien decía algo, ese algo era lo que había que hacer, no.» Su función es cuidar a Esteban, que se encuentra en huelga. Aún guarda una foto donde su amigo parece un moribundo. «Mi huelga duró tres días», dice, «porque mi diabetes me jodía y el hígado me ardía mucho, demasiado, yo no soporté. Omara empezó a hacer puré de malanga y ya me normalicé el estómago.» Adrián, además, almacena datos extraños. Sabe que cada vez que reciben un ataque Anyell Valdés se encuentra en el baño. «Fíjate tú que cuando entraron a sacarnos ella estaba bañándose, ¿a quién se le ocurre bañarse a esa hora? Bueno, tuvo que ponerse una licra mojada rápido, porque así mismo en cueros se la llevaban.»

DICTADURA Y REVOLUCIÓN

La disputa por las palabras en el interrogatorio tuvo un sentido trascendental para mí, porque se trataba de la disputa de los hechos. La educación sentimental impuesta por la doctrina del poder hacía que nos costara pronunciar ciertos términos o que dejáramos de mencionar otros. Una memoria política del lenguaje nos llevaba a recorrer las relaciones de todo orden que se establecían o se quebraban a medida que el individuo empezaba a ganar, o no, la libertad de pronunciamiento.

Como hijo de una familia comunista que era, veía el arco que se trazaba entre el pionero de la escuela primaria que conoció a Fidel Castro y se convirtió en el orgullo de la familia y el sujeto que ahora los aparatos de propaganda del régimen nacional consideraban un mercenario. Habría un mapa semántico de ese territorio vital y dicha ruta, en el interrogatorio, llegaba a su examen último, porque si allí podía utilizar el lenguaje en su grado de tensión extrema, eso quería decir que lo podía utilizar así, y que de hecho ya lo había utilizado así, en cualquier otra parte. De tal manera, el interrogatorio también debía leerse como una involuntaria prueba de liberación.

La liberación no consistía solo en atreverse a llamar las

cosas de determinado modo y vencer ciertas reglas, ciertos procedimientos disciplinares y cierta policía del habla, porque el lenguaje es siempre una trampa doble y el acto de nombrar nunca es algo que se gana por completo, que es lo que lamentablemente creía casi todo aquel que había escapado de manera formal de las estructuras de poder del totalitarismo o de algún tipo de control autoritario. En el espacio público cubano encontrábamos una zona discursiva en la que no podías pronunciar la palabra *dictadura* y hallabas también otra zona en la que, sea cual fuere el asunto al que te estuvieras refiriendo, tenías que pronunciar la palabra *dictadura*.

Este trazo, hasta cierto punto tosco, me permitía recordar que el lenguaje no solo te apresaba por lo que no puedes mencionar, por lo que hay que callar, sino también por lo que hay obligatoriamente que decir, sin posibilidades de subvertir lo real y destrabarlo. Era esclavo tanto el que no se atrevía a decir algo como el que creía que ese algo no podía dejar de ser dicho. Si yo le hablaba de dictadura a los interrogadores, no era, tal como ellos me hablaban de revolución a mí, por obligación, sino por elección, y ahí radicaba la diferencia principal. El grado de tensión extrema al que me refería no estaba decidido por la palabra utilizada, sino por el procedimiento para llegar a ella.

Tres años atrás me habían invitado a una escuela secundaria de niñas en San Felipe, cerca de Valparaíso. Debía darles una charla sobre literatura. Previo al evento, la directora del centro hizo que pasara a su despacho y, junto a otros profesores, me invitó a un té. Amablemente dije que no, así como al revoltillo y al pan untado con palta. Yo no solía desayunar. Para desatascar, la directora me dijo que en Cuba la educación era gratis. «Pública, no gratis», le rectifiqué. «Pero la langosta es barata», señaló. Ahí agarré la taza de té y me di un buche. Pensé que se trataba de otra filocastrista: una amplia comunidad de izquierda ortodoxa que practicaba con los cubanos lo que podíamos llamar *latinamericansplaining*. Se comportaban como el macho que le dice a la mujer qué hacer con su cuerpo o cómo su cuerpo era.

Lo profundamente revelador para mí, sin embargo, llegó cuando la directora, hablando de su país, se refirió al pronunciamiento del 73. «No fue un pronunciamiento», le dije, «fue un golpe militar, un golpe de Estado.»

–Hay visiones encontradas –dijo.

–¿Usted reconoce que hubo desaparecidos? –pregunté, extrañado.

–Supongo. Debe haber. A mí no me pasó.

–Uno debe hacerse cargo de los hechos independientemente de lo que le suceda a uno.

La tensión aumentaba, hasta que un profesor, animado ante la responsabilidad del rescate de la charla, contó cómo en el puerto de Valparaíso la marina se llevaba a los jóvenes en barco y los echaba al mar. ¿Por qué me sedujo tanto como me repugnó aquella directora?, estuve preguntándome tiempo después.

Me sedujo porque su permanente equivocación y su enquistada fidelidad a cualquier eslogan conservador me permitió de modo muy directo comprender lo que siempre había estado ahí. No existían los asuntos nacionales, ni la excepción ni el aislamiento. Cuba no era hoy el último reducto de la Guerra Fría ni el bastión del comunismo en Occidente, no había tal cosa. Al cinturón de hierro caribeño soviético –Managua, Caracas, La Habana– le convenía mantener el fantasma neoliberal como demonio potencial externo, justo lo que la franja neoliberal hacía con el castrochavismo. Enemigos funcionales, como sucedía cada vez que las partes que conforman una convención histórica se sedimentaban.

El neoliberalismo estaba lleno de presupuestos autoritarios y los gobiernos autoritarios de la región practicaban un capitalismo de Estado. Poderes que se alimentaban mutuamente y sostenían la ficción de una frontera ilusoria bajo la cual los latinoamericanos hacían un uso similar del lenguaje, espantados por los mismos horrores e intimidados por los mismos miedos. Este-Oeste era la única dirección en la que América Latina jamás iba a moverse. El mapa no engañaba. ¿Esa masa de tierra cómo corría? De arriba abajo, de abajo arriba.

Cuba ya distaba mucho de jugar el papel geopolítico activo que ocupó en la región casi hasta la muerte de Fidel Castro, primero con el fomento declarado y el apoyo directo a innumerables focos guerrilleros entre las décadas de los sesenta y los ochenta y, tras la caída del Muro de Berlín, luego de unos años de supervivencia muy parecidos a estos, con su creciente injerencia en los designios políticos de Venezuela.

Se trataba de una isla en la que mucha gente de muchas partes depositó tantas posibilidades y ninguna finalmente sucedió, pero aún había un peaje sentimental que se pagaba a un costo muy alto. Normalmente despreciaba a esos sujetos. Ningún sueño utópico valía más que un cuerpo preso, y la reacción no era más que la insistencia en una idea que había sido abandonada por los hechos. Brecht veía la política como el arte de pensar en la cabeza de los otros, pero yo creía que se trataba más bien del oficio de sentir en el corazón ajeno.

Por esa razón también debía plantearme el asunto de otra manera. Sospechaba que algunas de las razones por las que la idea de Cuba –mucho menos que antes, realmente– todavía persistía como un lugar de la esperanza, como plaza distinta en buena parte de la izquierda occidental, tenían que ver con que las experiencias históricas y políticas ocurridas dentro de una falsa modernidad en el resto de los países, al menos latinoamericanos, eran ampliamente fallidas. Si el capital hubiera podido construir algunas sociedades más prósperas en la región, la evidencia de que Cuba era un fracaso habría sido más fuerte.

Las protestas en el continente estallaban a partir de hechos específicos, fuere una huelga de hambre, una impopular reforma tributaria o la subida del precio del transporte público, pero no exigían cambios puntuales, remendar aquello que era siempre una consecuencia ideológica, sino que más bien ocurría un desbordamiento de cierta acumulación de hechos específicos que definían el carácter y, sobre todo, el límite de modelos económicos y políticos determinados. Entonces se atacaba todo y nada, allí donde la ideología creía desaparecer, en el corazón de sí misma, planteada como orden natural o correcto de las cosas. «El centro falta», decía Mark Fisher, «pero nunca podemos dejar de buscarlo o presuponerlo. No es que no haya nada en el centro; es que lo que *hay* allí es algo incapaz de ejercer responsabilidad.»

En marzo de 2018, más o menos por la misma época del encuentro en la escuela de San Felipe, entrevistaba en Buenos Aires a Pablo Avelluto, a la sazón ministro de Cultura de Argentina. Habló de conceptos como «felicidad», «creatividad» o «tolerancia», y reivindicó que su movimiento político, Cambiemos, no viniese de ninguna parte. Tal parecía que habían surgido por generación espontánea. Era una cruzada *new age*, una atractiva disolución de los términos políticos en cierta jerga publicitaria lo que los había llevado al poder. Ese experimento cifraba algo que la derecha había detectado, después del fracaso neoliberal de los noventa y de la desintegración del bloque populista de los dos mil. La necesidad de una nueva narrativa social. Ante la imposibilidad de encontrarla, solo intentaron vaciar la que ya tenían.

123

No les fue posible. Un par de meses después de la entrevista con Avelluto, Mauricio Macri le pedía ayuda externa al Fondo Monetario Internacional (FMI).

Dicho reto, no obstante, no excluía a nadie. Si para Latinoamérica había una oportunidad, esa oportunidad pasaba no solo por la renuncia simbólica y sentimental a Cuba, sino también por la denuncia directa de la naturaleza represiva del castrismo. El símbolo marcaba el horizonte de posibilidades. Desde La Habana estaban dispuestos a verse a sí mismos como guías justicieros y ejemplo histórico de toda manifestación o disputa contra el capital. Una mancha estalinista que embarraba. «But if you go carrying pictures of Chairman Mao, you ain't going to make it with anyone anyhow» (Pero si vas por ahí con fotos del camarada Mao, igual no le caerás bien a nadie), cantaban los Beatles desde los sesenta.

El asunto tenía otras aristas, porque cuando un cubano o un venezolano matizaba el mal que desencadenaban las protestas en otros países latinoamericanos, solo porque ese mal no era el comunismo, actuaba de la misma irritante manera que habían actuado con ellos los guevaristas trasnochados cuando intentaban convencerlos de las bondades de sus respectivos países. Esa balcanización me enfermaba los nervios.

A la vez, vistas las razones de la seducción, ¿por qué me repugnaba aquella directora de escuela? Quizá porque, como un espejo, me reconocía en ella. No se trataba de una rareza. También ese había sido yo alguna vez, practicante de la disciplina del eufemismo, un ejercicio que contaba con el amparo de la institución. Las estériles discusiones que se sucedían sobre la pertinencia de llamar a Cuba «dictadura» o no (y aquí podemos mencionar «pronunciamiento militar» por «golpe militar», o «falsos positivos» por «asesinato de civiles», o cualquier otra traición

124

criminal al lenguaje que se nos ocurra) estaban impulsadas siempre por quienes preferían no llamarla así, logrando entonces llamarla así por omisión, y desplegando un malabar retórico elusivo cuyo fin reactivo no era más que demostrar por qué no la llamaban así y no, digamos, proponer otro enunciado.

Como yo lo entendía, no se trataba de la imposición grosera de una gramática cerrada de lucha, aunque hubiese muchos actores políticos y figuras históricas que se habían limitado a ese uso pobre y excluyente del significante *dictadura*, tan poderoso y tan propio también de otras realidades. Lo que uno descubría, cuando alcanzaba el nivel de literalidad de llamar «dictadura» a la dictadura, era que, a partir de ahí, con las cosas en su sitio, comenzaba la imaginación. Antes de ese trámite no podíamos imaginar nada, puesto que las palabras son criaturas que irrespetan a quienes les temen y saben detectar las bocas asustadas.

No se nombraba bordeando, se nombraba accediendo. El lenguaje no estaba en función de uno, sino al revés, y siempre decía más sobre aquel que lo usaba que sobre aquello a lo que remitía. Me resultaba impresionante la cantidad de palabras que exigía el hecho de no nombrar. Escombros y escombros que vertían los hablantes para tapar el orificio de lo que no mencionaban, y la luz de ese orificio seguía atravesando la sintaxis, no había manto alguno que la cubriera. El lenguaje se comportaba como un agua que discurría y el mundo goteaba en él. Al fin y al cabo, me daba pena la gente que tenía que expresarse así. Si no nombrabas el miedo, o sobrenombrabas, el miedo te nombraba a ti.

La pregunta de dónde acababa la revolución y comenzaba la dictadura no solo no tenía ya nunca una respuesta precisa, ni fecha alguna que encontrar, sino que se había convertido, al menos hasta que la dictadura no terminase, en una pregunta planteada en términos inmorales, pues no hacía más que alargar la vida del régimen descompuesto tras la búsqueda infructuosa de un momento ideal o intocado, cuando toda revolución es siempre un embarre. Esto, a su vez, tenía otras consecuencias de peso, pues el alargamiento en el presente de la dictadura cubana traía cada vez más el acortamiento en el pasado del tiempo de la revolución, si no es que ya se la había tragado por completo.

VIDA BREVE (VII)

Anyell Valdés Cruz
1 de mayo de 1981
39 años

Nace en Esperanza 78, La Palma, Arroyo Naranjo, municipio ubicado en las afueras de La Habana. Vive con su abuela, su hermano menor y su madre, Tania Cruz, que trabaja como panadera en Cuatro Caminos y sostiene el hogar. Anyell es buena estudiante, pero en décimo grado abandona la escuela. No soporta la beca en Batabanó, se fuga todo el tiempo. «No me adapté a la visita cada once días, el hambre que pasaba allí», dice. Come arroz y agua de frijoles. A veces tomate, si es tiempo de tomate. A veces boniato, si es tiempo de boniato. Eventualmente, algún huevo hervido o algunos restos de picadillo. De vuelta a la ciudad, se inscribe como alumna en la Facultad Obrero Campesina y logra terminar el bachillerato.

Pronto se casa y a los veinte años tiene una primera hija, Ivette Blanco. Su esposo es sastre, viven juntos unos tres años en la Finca de los Monos, en los límites de los municipios Cerro y Diez de Octubre. Luego se separan, pero mantienen todavía una relación cordial. Anyell nunca ha trabajado, salvo unos pocos meses como cajera en la empresa Aguas de La Habana, puesto del que la expulsan porque en un conteo de la caja sobran veinte centavos. «Me querían sancionar porque los papeles no coincidían con el dinero. Si tú me dijeras que faltaba, pero no, sobraba. Dije que no, ni seis meses de sanción ni nada, y me fui.» Después conoce al padre de su segundo hijo, el noviazgo es breve. De vuelta a Callejas, la cuadra en la que vive con su madre, Anyell construye un cuarto de madera independiente para ella y su hija detrás de la casa de la familia, pero el río Orengo, que corre a unos pocos pasos de allí, se desborda y penetra en la habitación. El Estado se compromete a reponer los materiales que las inundaciones han echado a perder. No cumple su palabra. «Perdí el colchón de cuna, un colchón camero y había también un ventilador nadando en el río.»

Al día siguiente, Anyell va al Poder Popular y de ahí la envían para las oficinas de Seguridad Social. Le dicen finalmente que no hay presupuesto para ayudarla. La acompañan dos periodistas independientes y opositores políticos, quienes documentan su pelea contra la burocracia. Uno de ellos, Roberto Ferrer, va a convertirse en el padre de sus últimos dos hijos gemelos. La labor de denuncia, mezcla de prensa y activismo, logra que el Estado le entregue parte del material perdido por la inundación a otros vecinos del barrio, pero Anyell, como castigo, no recibe nada. En ese verano de 2013 entra entonces a las filas del movimiento Cuba Independiente Democrática (CID). Como parte de su nueva labor, publicita los casos de personas en situaciones vulnerables, realiza actividades comunitarias a lo largo de Arroyo Naranjo, o deposita flores en los bustos de Martí los días de aniversario. Desde temprano, conoce las detenciones, los calabozos y la represión. Encarcelan a varias amigas suyas del CID en estaciones policiales de

Marianao o Santiago de las Vegas y Anyell reclama su liberación. Pasa un día entero en una celda y no ingiere alimento alguno. Al mediodía siguiente llega la policía. Unos médicos le toman la presión arterial. Intentan convencerle de que renuncie a su nuevo modo de vida. El cambio ha sido brusco, pero lo asimila sin demasiados conflictos, a pesar de que la policía política saca a su hijo del Círculo Infantil y le dice que lo cuide ella, que mientras el Estado se hace cargo de su hijo, ella tiene tiempo para planificar acciones contrarrevolucionarias. «Empezaron a hablar conmigo, que mira, si yo tengo dos niños, que por qué me metí en esto, que cómo podían salvarme. Les dije que no me podían salvar, porque ya me había quitado la venda de los ojos. Empecé a enumerar todo lo que no servía. ¿Dónde está mi casa?, les pregunté. Vivo aledaño a un río, tengo dos hijos, he escrito a todas partes y no he recibido una respuesta, todas son evasivas. Entonces ¿de qué me quieres salvar tú a mí?»

Lo que Anyell gana, después de estas palabras, es un represor que la vigila a tiempo completo. Primero un teniente coronel que se llama Ernesto. Luego un tal Camilo. Luego un Alejandro y así. La citan para interrogatorios, le advierten que no asista a ninguna actividad del CID, la amenazan con quitarle la custodia de los hijos. Los gemelos nacen en 2015, son prematuros. Anyell pasa unos meses en el hospital hasta que los niños alcanzan el peso adecuado. Le dan la opción de que se quede a vivir en el Hogar Materno del municipio, pero ella lo rechaza, eso no es su casa. Busca por toda la zona un lugar donde meterse y encuentra un local en Los Pinos que antes se usaba para reuniones de los CDR y charlas entre viejos militantes retirados del Partido. Desembarca con los muchachos allí y la policía no puede sacarla. Limpia el recinto, trae velas. Los funcionarios del gobierno le explican que el local no cuenta con las condiciones mínimas para vivir. No hay electricidad, no hay agua. Anyell contesta que donde vive ahora tiene menos condiciones aún. Este local es de mampostería, no se filtra con la lluvia, no hay mosquitos, ni los niños son propensos a contraer infección alguna. La represalia no demora. La Seguridad del Estado le dice que su hija mayor no va a graduarse como profesora en la escuela de magisterio Salvador Allende. «Ningún problema», responde Anyell, «si mi hija no va más a la escuela, los otros tres tampoco van más, porque no vale la pena tantos años de sacrificio para que al final no me la dejen graduar. Ella puede ser maestra y yo la peor contrarrevolucionaria, que eso no tiene nada que ver.» «De acuerdo», contesta la Seguridad del Estado, «vamos a dejar que se gradúe y vamos a darle trabajo.» En paralelo avanzan los trámites del gobierno para desalojarla del local. Va tres veces al Consejo de Estado, hasta que el intendente y el primer secretario del Partido de Arroyo Naranjo empiezan a atenderla de manera personalizada. «Nunca me han dado una respuesta satisfactoria, pero desde mi punto de vista yo les he ganado a ellos. He ganado que he puesto la electricidad. De la calle, pero bueno, la estoy usando. He puesto el agua, yo con mi sacrificio. No la puso el Estado, y tampoco han podido quitarla. Gané la libreta de abastecimiento, que no me la querían autorizar. Planté y dije que mis hijos no iban a la escuela porque yo no tenía una merienda ni un almuerzo que darles, y que ellos no son menos que nadie.»

Su condición de madre, blindarse detrás de esa categoría, le ha permitido a Anyell resistir por más de una década los embates de la máquina del poder castrista. Tan incorporado lo tiene que para llegar al acuartelamiento de San Isidro, evento al que se suma un par de días tarde, toma a los gemelos de la mano y cruza el cerco policial en compañía también de su madre. «Solo así podía burlar a la Seguridad.» Anamely la recibe y le dice que puede quedarse, pero no con los niños, quienes regresan a Los Pinos con la abuela.

Anyell cocina para los acuartelados que no están en huelga y con un celular Alcatel, que las antenas de vigilancia no detectan, se mantiene comunicada con su familia durante el encierro. «Esteban le puso a mi celular el *walkie-talkie*, no podía conectarme a internet ni nada, pero tampoco me pudieron cortar la línea.» En el allanamiento, Anyell se esconde, tras salir mojada del baño, entre el refrigerador y la cocina. Desde ahí ve cómo los médicos policías suben las escaleras, bajan a todo el mundo a trompicones y arrastran a los demás. A ella la encuentran casi al final, poco antes de cargar con los cuerpos maltrechos de los huelguistas.

VIDA BREVE (VIII)

Jorge Luis Capote Arias
5 de febrero de 1999
21 años

Nace en el municipio habanero de Boyeros y vive en la calle 130, e/ 295 y 297, con su madre y su abuela. Estudia Gastronomía en la Escuela Primero de Mayo, un chico siempre hiperactivo y sociable. En la adolescencia, su abuela lo sienta un día, después de prestarle por largo tiempo la atención del amor, y le pregunta si es gay. «Me hice el asombrado, luego se lo confesé y me dijo que ya lo sabía, que eso no tenía nada que ver y que se lo contáramos al resto de la familia», dice Jorge Luis. El padre es el último en enterarse y deja de hablarle por un año. Al principio la madre tampoco lo acepta. «A mí se me sale eso del gay, pero no soy un excéntrico ni nada.» En varias ocasiones piensa quitarse la vida, cortarse las venas con una cuchilla o tomarse un frasco de pastillas, pero afortunadamente no lo hace. A los dieciocho tiene su primer noviazgo, que dura un año y dos meses. «Era muy tímido, hasta desvestirme me daba pena.» Va a discotecas con amigos y poco más.

Jorge Luis lleva una vida tranquila, pertenece a la primera generación de cubanos que entra a la adolescencia con cierto acceso a internet. Maneja, desde luego, más información que quienes crecieron con un solo canal de televisión y veinte emisoras de radio diciendo lo mismo. «Ahí me doy cuenta de que en Cuba no había revolución», dice, «sino dictadura. Leí sobre dictaduras y me pareció evidente que vivía en una.» Esa conclusión lo lleva al activismo.

Ante las quejas constantes por el mal servicio de Etecsa, la empresa de telecomunicaciones, Jorge Luis inicia una campaña en Twitter, llamada «Bajen los precios de internet», que de inmediato se vuelve viral. Su intuición ha captado el deseo contingente, el afán inmediato popular. Estamos en mayo de 2019, pero el gesto va a continuar a lo largo de ese año y el siguiente. Los medios de propaganda nacionales, molestos ante el reclamo ciudadano, dicen que la convocatoria trata de «manipular descaradamente una de las principales demandas de la población que el gobierno, por razones económicas, no puede satisfacer en su totalidad».

Ese lance conecta a Jorge Luis con reporteras y opositoras como Yoani Sánchez e Iliana Hernández. A partir de ahí empieza a trabajar con Iliana en calidad de fotoperiodista, filmando videos ocultos, justo la tarea que cumple cuando el grupo de los acuartelados va a preguntar por Denis Solís en la estación de Cuba y Chacón. Jorge Luis graba desde una esquina, no hay resistencia sin documentación. Muy pendiente de los acontecimientos desatados, acude entonces a Damas 955 cuando Iliana lo llama para que participe en la lectura de poesía. «Me bañé rápido y salí corriendo. Iliana me dijo que la Seguridad no me conocía, que no hiciera nada sospechoso y así iba a poder pasar.» Lo que vive entonces Jorge Luis lo califica como su segundo nacimiento.

VIDA BREVE (IX)

Osmani Pardo Guerra
31 de octubre de 1989
31 años

Nace en Songo la Maya, municipio de Santiago de Cuba, pero a los ocho meses lo mudan a La Habana. Su madre, Ideliz Guerra, pasa un curso de corte y costura en la Alemania Democrática, en Berlín Oriental, y después de cuatro años logra reunir un dinero y comprarse una moto TZ al regresar a Cuba. Aramís Pardo es tornero, trabaja en un central azucarero, e Ideliz lo conoce cuando necesita un mecánico para su moto. Se casan, venden la moto y compran un apartamento en el reparto El Juanelo del municipio San Miguel del Padrón, cerca de La Virgen del Camino. Luego llega un hermano seis años menor que Osmani y poco después el divorcio. El padre se desentiende de la familia, y la madre y sus dos hijos forman un núcleo inquebrantable, inevitablemente entrelazados hasta en los espacios más íntimos. «Nosotros tres somos uno solo, hasta la muerte», dice Osmani. El apartamento es muy pequeño. Sala comedor, una cocina mínima, arriba un baño también mínimo, y un cuarto con una cama para la madre y una litera para los hermanos. A fin de cuentas, es el apartamento equivalente al precio de una moto. «Antes del divorcio tuve que ir al psicólogo. Empecé a bajar las notas en la escuela producto de las mismas tensiones de la casa. No había dinero, pleno Período Especial, ni un centavo, el salario de mi papá no alcanzaba para nada, y eso trajo muchas discusiones.» Ideliz no encuentra trabajo como costurera y toma entonces un curso de auxiliar pedagógica, pero comienza limpiando el piso de la primaria Menelao Mora, donde estudia Osmani, cerca de la casa. «Los niños dándome chucho, diciendo que mi mamá era la que limpiaba el piso, tuve que fajarme muchas veces, muchas peleas, pero nada, ella ahí con tremendo orgullo, y yo aprendí eso bien rápido.» Temprano, Osmani desarrolla unas sorprendentes habilidades manuales y hace esculturas, flores de madera, girasoles. Vende sus piezas a los vecinos y contribuye a la apretada economía familiar. «Yo empecé con las esculturas en los mismos lápices de la escuela», dice. «Con las cuchillas de sacar punta tallaba unas figuras perfectas, rostros de africanos, mujeres, viejos con barbas.» Lo regañan, lo envían para la Dirección, nadie lo premia.

En cierta medida, ese rechazo va a definir su vida. Quiere entrar a las escuelas especializadas de arte, pero sus posibilidades reales son escasas. El estrato social juega en su contra. San Alejandro queda lejos de un muchacho como él. Por otra parte, practica kung-fu, artes marciales mixtas y karate. Lo ayuda su carácter metódico, su estricto sentido de la responsabilidad. «Aquí en la casa todavía tengo un saco que golpeo, voy a correr. Las artes marciales te enseñan que tienes que centrar el cuerpo y la mente, eso es muy importante en mi vida.» De la misma manera, se entrega a la meditación. «Me acuesto en el piso, descargo un tipo de música específica, que solamente se escuche el sonido de los buques, el sonido de la naturaleza, más nada. Así descanso. Alcanzo una paz interior que no se puede explicar.»

A los quince años empieza a visitar la iglesia evangélica del Nazareno. En el grupo de alabanzas aprende a tocar la batería y la trompeta, y aunque aún mantiene su fe cristiana, va a terminar decepcionado de la institución religiosa. «Pienso que a Cristo hay que tenerlo en el corazón, no simplemente ir a rezar y luego venderle un aguacate a una viejita en cincuenta o sesenta pesos.» Para él, Cristo es una persona viva, como un psicólogo que se sienta a escucharlo. «Le hablas de todos tus problemas, las cosas buenas, las cosas malas, determinada situación, si necesitas ayuda o dinero, le pides que te ayude, que te haga avanzar. A veces converso con él en voz alta y a veces en silencio.»

Ese refugio espiritual juega un papel decisivo durante el Servicio Militar en la Unidad de Tanques 2121, ubicada en la llanura Habana-Matanzas, en unas lomas que le dicen «Las montañas embrujadas». Es, la idea de Cristo, el contrapeso de un mundo material desajustado, hostil. Osmani todavía recuerda con pavor la soledad de los túneles con armamentos en las largas guardias de las madrugadas de invierno. En aquella zona de la isla, durante diciembre y enero, las temperaturas pueden bajar hasta los 2 y 3 °C. «El servicio militar me puso muy rebelde, porque yo no entendía muchas cosas», dice. «No entendía por qué los oficiales trataban a los soldados así, por qué los jefes tenían privilegios. Llegaban al almacén y cargaban con carne de puerco, con todo. Predicaban la moral en calzoncillos. Mi vida se transformó totalmente. Ya no fui a votar a ninguna elección, no fui a ninguna reunión de la cuadra, no participé en más nada.»

Liberado del ejército, Osmani se convierte en profesor de Educación Física. Resiste tres años en una escuela primaria, pero el salario allí es un chiste. Como estibador en los almacenes del puerto, a veces llega a su casa a las cuatro o cinco de la mañana, muerto de cansancio. A cambio, consigue de contrabando algo de comida. Ese comercio de especies, y no el dinero, es lo que define la demanda de casi todos los puestos de trabajo codiciados en Cuba. Eventualmente, también asume encargos de albañilería. Cuando el gobierno finalmente permite, ya con la muerte política de Fidel Castro, la práctica de ciertas actividades privadas, Osmani saca una licencia de «productor vendedor de artículos de fiesta y cumpleaños». Ahora vende decoraciones, confetis, dibujos animados y piñatas de poliespuma. Discreto, tímido, callado, Osmani es un sobreviviente y, como todo sobreviviente, guarda bajo las siete llaves de una vida extenuante la candorosa, improbable, pero también potente ilusión de pertenecer a algo. «He tenido que aprender a hacer de todo», dice. «Juegos de vasos con botellas recicladas, lámparas con hilo de saco de yute, y muchas otras artesanías que vendí en la feria de los almacenes de San José.»

Su aprendizaje a contramano, un virtuosismo plebeyo, es el que teje en los días del acuartelamiento un árbol de cobre que se convierte en emblema de libertad. Osmani ha llegado allí a través de Esteban Rodríguez. No conoce a ninguno de los otros acuartelados. El cáncer de su madre meses antes y la pésima atención recibida en el Oncológico son el pistoletazo de salida o el catalizador que lo lanza a la protesta pública. Ha venido desde su casa para una supuesta lectura de poesía y de repente tiene que atrincherarse. Lo asume sin demasiadas preguntas. Cree que en San Isidro la gente puede sospechar de él, nadie sabe de dónde ha aparecido. «Al principio había como una distancia. Si tenían que hablar algo, se iban aparte. Entiendo esas cosas, la paranoia, pero el grupo fue viendo mi carácter, cómo yo era, el tipo de persona que soy, y nos volvimos amigos y me permitieron quedarme y apoyar.» Las manos de Osmani, que arreglan cada cosa rota, materializan en aquel encierro la fraternidad.

UN LUGAR DE MALA FAMA

La tarde después del interrogatorio me encontré con
Luis Manuel Otero en la casa de su familia en el municipio Cerro, cerca del Estadio Latinoamericano. Luego del
allanamiento, la policía política no había querido dejarlo
en Damas 955 y Luis se resistió a quedarse en cualquier
otro lugar. Lo depositaron en el Hospital Manuel Fajardo,
en el Vedado, para que se recuperara de la huelga de hambre y sed y no lo liberaron hasta entonces, cinco días después. También estaban con nosotros el científico Oscar
Casanella y la poeta Katherine Bisquet, ambos acuartelados, así como mi amiga periodista Mónica Baró y algunos
otros colegas.

Decidimos volver caminando a San Isidro. Poco más
de tres kilómetros que a paso lento agotamos en hora y
cuarto. Un sol exhausto sobre nosotros, la sombra de la
ciudad espesa y grumosa. Podía describirlo todo como si
lo estuviese viendo desde arriba: el foso de Centro Habana, las ruinas turísticas de La Habana Vieja, el Cerro trun-
co, sus vitrales de Portocarrero, un barrio que despuntaba
hasta que el Vedado se metió en su camino.

El Vedado, moderno, *art déco*, sugestivo; Cerro, una
acumulación de caserones seculares que nunca llegaron a

alcanzar su verdadero esplendor. Posiblemente ningún otro sitio encapsulaba mejor el secreto de aquella ciudad: una vida de gueto orquestada alrededor de un cuerpo lisiado. Los techos carcomidos, las antenas disparejas, las cúpulas de los edificios más emblemáticos, el desbarajuste arquitectónico de la supervivencia.

Esa zona en penumbras, al sur de La Habana Vieja, buscando la cara interior de la bahía, tenía la consistencia del vacío. Las paredes desconchadas, el polvo en las columnas y los quicios mugrientos, los anchos portales melancólicos y desiertos con olor a heces y orina, las manchas desfiguradas por otras manchas, las ventanas entreabiertas, la procesión de techos dormidos en permanente avance hacia un horizonte difuso o ausente y las emisoras de radio que transmitían telegramas para audiencias que habían emigrado o que ya, de plano, no existían. El balance de la escena sugería, sin pudor, que todo había sido siempre así y que siempre lo sería, además.

Atravesamos la parte industrial venida a menos, apretujada a un costado de la Ensenada de Atarés. Los astilleros, la terminal de trenes interprovincial La Coubre, los almacenes y galpones vetustos. Fanon, refiriéndose a la espacialización de la ocupación colonial, decía que «la ciudad del colonizado, o al menos la ciudad indígena, la ciudad negra, la "medina" o barrio árabe, la reserva es un lugar de mala fama, poblado por hombres con mala fama. Allí se nace en cualquier parte, de cualquier manera. Se muere en cualquier parte, de cualquier cosa. Es un mundo sin intervalos, los hombres están unos sobre otros, las casuchas unas sobre otras. La ciudad del colonizado es una ciudad hambrienta, hambrienta de pan, de carne, de zapatos, de carbón, de luz. La ciudad del colonizado es una ciudad agachada, una ciudad de rodillas, una ciudad revolcada en el fango». Eso exactamente era lo que yo veía. Alrededor de la zona más intrincada del puerto, los negros aún tenían sus guaridas.

Del otro lado de la bahía, en el pueblo brujo de Guanabacoa, la policía había matado a uno, pocos meses atrás, a fines de junio, cuando el asesinato de George Floyd en Minneapolis resonaba por todas partes. Se llamaba Hansel Hernández, tenía veintisiete años y fue sorprendido por una patrulla cuando robaba piezas de autos en un parqueo de ómnibus. Lo persiguieron «por un terreno irregular» hasta que le dispararon por la espalda.

El suceso alcanzó amplia difusión después de la denuncia de sus familiares, pero enseguida la policía política mandó callar. El primer pronunciamiento del gobierno sobre el asunto apareció tres días más tarde a través de una nota del Ministerio del Interior. El comunicado oficial exculpaba al policía que ejecutó el disparo, único testigo del incidente, y también deslizaba elementos nada gratuitos, como los antecedentes penales de la víctima, que permitieron luego su criminalización en algunos medios de prensa estatales. Pero, incluso dentro del relato legalmente admitido, no parecía haber proporción alguna en el hecho de que Hansel Hernández recibiera un balazo fulminante por atacar con piedras a las autoridades.

Las comparaciones con Floyd no se hicieron esperar, aunque había, en efecto, una diferencia principal entre ambas tragedias. En la primera, un culpable mataba a un inocente; en la segunda, un inocente mataba a otro, puesto que la vida del policía –también negro– que disparó en Guanabacoa había sido igualmente comida por el racismo, el totalitarismo y la pobreza. Nada en el suceso podía leerse por fuera de la violencia como elemento consustancial de la policía en cuanto organismo moderno de orden y represión. La dictadura, en cambio, llegaba después, y era la dictadura la que convertía de manera rotunda la muerte de Hernández en un crimen consentido por el Estado.

Su cuerpo, no en vano, fue incinerado de inmediato, lo que impidió volver sobre su autopsia y esclarecer las circunstancias de su muerte. Ante la ausencia de testigos o pruebas concluyentes, justo el intento deliberado de oscurecer el hecho era lo que empezaba a aclararlo. La prensa, que anteriormente había cubierto con minuciosidad la muerte de Floyd, ahora pasaba de largo. Al inicio no informó del suceso y luego reaccionó con desprecio y se limitó a reproducir una versión del incidente filtrada al espacio público por los servicios de la Seguridad del Estado. Había una configuración social, una lógica cultural y económica y una larga tradición de discriminación y exclusión en Cuba que hicieron de la vida de Hansel Hernández una experiencia ceñida al sentido racista, alguien a quien el racismo, por fuerza, limitó y cercó a cada momento, hasta emboscarlo ese día definitivo en Guanabacoa.

La bala que lo derribó ya cargaba con una ideología propia. El racismo no era solo la expresión fatal en la que un blanco mataba a un negro porque sí, porque se le antojaba o podía. Era ante todo un comportamiento general normalizado, un tipo de relación desigual entre individuos y una repartición de roles específicos. La propaganda oficial, intentando rebajar la gravedad del crimen, echó mano de los mismos argumentos que el supremacismo blanco utilizó en Estados Unidos para ningunear la muerte de Floyd: criminalizar a la víctima, suponerlo un delincuente y presentarlo como alguien que merecía su destino.

Días después de aquel incidente, un intento de protesta civil encabezado por Luis Manuel Otero fue diligentemente reprimido y secuestrado. La policía detuvo en sus casas y cortó el servicio de internet a decenas de activistas, periodistas y artistas que se disponían a hacer en el país lo

144

mismo que el régimen aplaudía que sucediera allende los mares.

El poder se incomodaba particularmente cuando tenía que corregir los hechos, en vez de inventárselos. A veces esa corrección, como un censor que tachaba o borraba directamente lo real, tenía que suprimir el cuerpo del descarriado o del pobre, incluso si se trataba de un muerto como Hernández, al que un policía negro mataba y la dictadura convertía en cenizas.

Muchos opinaban que en Cuba daba lo mismo lo que fueras, te iban a reprimir igual, aunque, parafraseando el mantra orwelliano, podíamos decir que en el comunismo todos éramos iguales, pero los negros eran menos iguales que los demás. O mejor: que todos éramos negros, pero los negros eran más negros que los demás. Este segundo giro, más sofisticado y preciso que el primero, nos abría las puertas a la zona de San Isidro y a formas de sujeción y resistencia que trascendían por mucho y, al mismo tiempo, no excluían la entelequia del comunismo.

Lydia Cabrera apuntaba en el prólogo de uno de sus libros de cuentos: «Si (...) Jicotea representaba para la negrada en algunos episodios, lo que era un negro en el sistema esclavista, y obedecía la predilección por sus historietas a que este otro "aplastado" casi siempre castigaba al grande, Tigre, León, Elefante —el déspota reyezuelo que lo vendía al negrero, el contramayoral que hasta por hábito sonaba el cuero, el blanco todopoderoso de quien dependía su suerte—, en el presente Jicotea personifica al nuevo esclavo de nuestra Isla comunista, sin esperanza de carta de libertad (...)».

Cargado de hospicios, casas de maternidad, iglesias y atravesado por la caridad y la iconografía cristiana más precaria, San Isidro siempre había sido un barrio pobre, carnavalesco y folclórico, de negros, estibadores y obreros en general, de héroes, proxenetas, calles de putas y gastronomía de esquina, fritanga y pregón. En 1763, justo después de la toma de La Habana por los ingleses, el conde de Ricla, al frente de la Capitanía General, construyó en parte de la zona las viviendas de los negros esclavos del rey y lo llamó El Palenque. Más tarde el lugar se convertiría en el Cuartel de Artillería.

En la primera mitad del siglo XIX ganaron mucha popularidad los bailes de las academias del maestro Jaramillo en las ferias de La Merced. A una de sus academias, dirigida por el músico Regina, se le atribuyó el baile bautizado nada menos que como Ley Brava, lo que arrebató a la gente hacia los años cuarenta. El arquitecto cubano Rafael Fornés encontraría luego marcados paralelismos entre esta danza decimonónica y el *guaguanqueer*, una rumba transgresora promovida hoy por el MSI.

A un par de cuadras de Damas 955 se encontraba la iglesia del Espíritu Santo, una ermita pequeña y frugal que en 1773 contrajo el derecho de proteger a los perseguidos por las autoridades. Probablemente se trate de la casa de Dios más antigua de Cuba, construida alrededor de 1632 y elegida por la devoción de los negros libres al divino Paráclito. Debajo de las ideologías contemporáneas, la arquitectura presente de la plantación.

Aimé Césaire no entendía lo negro como «una realidad biológica o un color de piel», y sí como «una de las formas históricas de la condición impuesta al hombre». A su vez, el filósofo camerunés Achille Mbembe hablaba del «devenir negro del mundo», lo que, rápido y mal, venía a decir que el capital nos había puesto prácticamente a todos en un lugar de cosificación, con la pérdida de la noción sujeto/objeto, en el que ya se encontraban los negros desde hacía cinco siglos. Sus cruces entre estudios de clase y raza, zonas del pensamiento normalmente separadas, tendían a la idea de que la división de clases necesitaba la invención de razas como elemento o suplemento genético justificativo. Era posible entonces que lo negro tuviera incorporado un saber para enfrentar el momento, unos hábitos, que lo blanco desconocía.

Yo fui descubriendo ese saber, o ese hábito, en la medida en que fui dejando de ser blanco, es decir, en la medida en que emigré y me exilié y en la medida en que esa emigración o ese exilio me llevó cada vez más al norte. Un viaje donde la condición blanca se volvía una etiqueta cada vez más exclusiva, una condición segregativa que se fundaba en la lógica del disfrute aristocrático, secta que gozaba más por lo que dejaba fuera que por lo que contenía. El recorrido hacia la cúspide racial terminaba, por supuesto, habitado por nadie. Era una ficción, la ficción del Hombre Blanco, la categoría suprema que la multiculturalidad identitaria del capitalismo tardío necesitaba para –a través del reconocimiento de parcelas aisladas, como una repartición agraria de la cultura: las hectáreas de los gays, las hectáreas de los refugiados, las hectáreas de los pueblos originarios– garantizar que nadie derribara o contaminara la figura dominante y que los demás no se mezclaran ni se articularan entre ellos luego de esta compensación simbólica o esta reforma paliativa de nuevo tipo. El sueño libidinal del Hombre Blanco, reprimido o expresado, no era otro, desde luego, que el fascismo.

Detrás de ese autoengaño, latía una verdad distinta. En la última página de *Absalom, Absalom!*, Faulkner hablaba así del hijo bastardo y mestizo del capitán Sutpen: «Pienso que, a la larga, los Jaime Bond conquistarán el hemisferio occidental. Naturalmente, no lo veremos nosotros, y, a medida que avancen hacia los polos, ellos se blanquearán otra vez, como los conejos y las aves, para no contrastar tanto con la nieve. Pero seguirán siendo siempre Jaime

Bond; y dentro de unos cuantos milenios yo, que te miro ahora, habré nacido también de las entrañas de los reyes africanos».

Jaime Bond, hijo no reconocido, inauguraba lo que Édouard Glissant llamaba «el desvío» y la «poética de la opacidad». En ese desvío y esa opacidad entendía yo a San Isidro, un territorio que se resistía a ser comprendido dentro de la transparencia impuesta por Occidente, un universalismo abstracto que aplanaba y ecualizaba la experiencia, cuyo nombre administrativo era, principalmente, Estado-Nación o Patria o institucionalización del deber. Tales territorios no comprendidos existían en cada país y desde ellos se podía establecer una «política de la relación».

El mundo líquido y desjerarquizado tendría la ventaja de permitir la articulación de la liga internacional del municipio, periferia cosmopolita no incluida en la lógica extractiva del progreso, donde los enclaves importantes y los centros rectores de la cultura terminaban, a rasgos generales, reducidos a la contemplación melancólica de su propia magnificencia. Cabría la posibilidad de imaginar una región espiritual federativa a partir de las zonas no confiscadas por los patriotismos locales o el triunfo rutilante de la empresa, esto es: ciudades oligárquicas, paraísos turísticos, capitales (o grandes extensiones de ellas; aunque las capitales siempre esconden la semilla de su propia destrucción). Categorías todas, por otra parte, que al menos hasta cierto punto siempre se podían revertir. En la Revolución francesa, el empuje municipal fue quien trajo una nueva división territorial ampliamente más descentralizada, a través del cantón, el distrito y el departamento, convirtiendo, en ese inicio luminoso, las parroquias en comunas.

En La Habana la tensión se traducía en el duelo este-oeste, con esta última zona de la ciudad –Vedado, Miramar, donde radicaban los teatros, los cines, los centros de investigación, las instituciones culturales– produciendo un arte de rebeldía domesticada y malcriadeces dóciles. En sintonía con los autores que venía leyendo, no hablaba ya del Vedado y Miramar como barrios, ni siquiera como proyectos o conjuntos de reglas, sino como métodos o principios de realidad.

Había una serie de figuras públicas cuyo aparente mérito estético consistía en transgredir el aparato formal de la institución y su logos. En ese sentido, eran tan dependientes de la institución, o más, que quienes estaban dentro de ella, pues la necesitaban como baremo, la medida primera de sus recorridos individuales. Se solazaban y se conformaban e incluso se creían valientes por traspasar sus límites oficiales, no queriendo ver que ese traspaso, esa ruptura, también estaba contenida dentro de la institución, pensada y permitida ya por el cuerpo elástico del permiso real, que tenía su sombra, zona que asimilaba y conducía a las dizques ovejillas descarriadas para que limpiaran un poco la sangraza que dejaban regada a cada tanto los cancerberos duros de la censura.

Un artista en Cuba debía tener presente a la institución, pero para mostrarla, no para decirla. Debía representarla, no vender la exposición literal de ese cadáver a la manera de una apuesta con cierto riesgo formal. Como todo campo cultural a la larga reflejaba un terreno político concreto, estos artistas y sus seguidores se creían portadores de la mesura, incomprendidos que cargaban con la desgracia de vivir y pensar entre dos extremos rabiosos, pero no había dos extremos rabiosos, tal esquema. Había una línea autoritaria recta, llamada «castrismo», que terminó dragando el estrecho de la Florida. Podía encontrarse tanto en La Habana como en Miami, aunque en Miami uno podía perfectamente vivir fuera de esa narrativa, olvidarla por completo si quería. En Cuba, no.

Al centro nadie lo había visto nunca y no era más que el manicomio del orden, expuesto de modo didáctico a través de los medios y, por eso mismo, aparentemente existente. Lo que en Cuba llamaban «centro» podía resumirse como los bandazos inconstantes entre el castrismo y su espejo fijo, cierta movilidad prostituta sobre la carretera mal asfaltada de esa bestia de un solo corazón podrido y dos cabezas secas.

El anticastrismo fallaba no por la defensa o por el lugar principal que ocupaban los sustantivos –dictadura, Cuba– dentro de su lenguaje militante, sino por su uso de los infinitivos –tumbar la dictadura, liberar a Cuba–, esa construcción impersonal que uniformaba todo en un tono nacionalista, mesiánico y grandilocuente. En última instancia, los lemas no querían decir nada y volvían a lanzarnos al excepcionalismo a través de una justificación histórica que solo procuraba cierto diferendo sempiterno con Washington. Así, la senda oficial no sufría ninguna corrección, no había ningún desvío en esa jerga. Contrajugadas, para decirlo con Lyotard, que no podían ser solo reactivas «porque entonces no son más que efectos programados en la estrategia del adversario, perfeccionan a este y, por tanto, van a rastras de una modificación de la relación de las fuerzas respectivas. De ahí la importancia que tiene el intensificar el desplazamiento e incluso el desorientarlo, de modo que se pueda hacer una "jugada" (un nuevo enunciado) que sea inesperada».

Antes de que lo apresaran, el rapero Denis Solís había gritado que Trump era su presidente. El poder logró violentarlo de tal modo que llegó incluso a ponerle palabras en la boca, haciendo que protestara de la manera en que le resultaba provechoso que lo hiciera. Por supuesto que la «poética de la opacidad», el MSI, no mordió el anzuelo del mensaje transparente y entendió el grito de desespero y el auxilio cifrado que escondía aquel enunciado, solidarizándose de inmediato con Solís. No porque creyeran que no sabía lo que decía, sino porque lo que decía o profesaba no lo eximía del derecho a la justicia.

Pero ese lenguaje medio lúdico para entender la comunicación, «la jugada», «el desvío», ¿cómo dicho colectivo lo practicaba? El mejor ejemplo llegaría poco después, cuando un grupo de cantantes negros del exilio, famosos dentro de la industria latina de la música, se unió a Maykel Osorbo y el Funky, raperos de San Isidro, y grabaron en febrero la canción «Patria y Vida», que se convertiría en himno coral de la protesta y obtendría dos Grammy Latinos a Canción del Año y Mejor Canción Urbana. El tema se oponía a la consigna más célebre del castrismo, pronunciada por su líder máximo: «Patria o Muerte», que establecía una falsa elección.

¿Qué unidad se encargaba de los enlaces y las equivalencias? La conjunción. «Patria o Muerte»: no había tal disyuntiva, ni posibilidad de escoger. El verbo elemental se disfrazaba para que pensáramos que el veneno se había depositado en alguno de los sustantivos, pero el veneno, agazapado, respiraba en la conjunción. Si levantábamos el velo, se leía lo siguiente: «Patria es Muerte». Muerte física en tantas ocasiones o, en su defecto, muerte civil.

Estas no eran ideas abstractas, eran hechos comprobables. La potencia de «Patria y Vida» no tenía que ver con el cambio de «Vida» por «Muerte», puesto que la muerte era también un recurso de los justos, sino con el cambio de la «o» por la «y». La variación, incluso, atemperaba un tanto la insistencia en el mantenimiento casposo de la «Patria». Lo disyuntivo por lo copulativo, el binarismo por lo sucesivo. La construcción gramatical recogía un sustrato ideológico. La «y», vibrante opacidad, representaba justamente «el desvío» para mí.

La Patria, en relación con la Vida y la Muerte, se volvía un artefacto insignificante. Martí, que había nacido en San Isidro, tenía una buena propuesta, tal vez la mejor suya: «Patria es Humanidad». Sonaba liberador, un espacio en el que te podías mover a tus anchas. No te constreñía ni te entregaba la golosina de la singularidad, permitía tu entrada en el otro como agua en el agua. Había verbo, compromiso; la disolución política de las razas y las ficciones nacionales como alquimia elemental del bien.

Cuando llegamos a Damas 955, aquella vez, las vecinas fueron enseguida a visitarnos, alegres, locuaces y cálidas. ¿Era ese el mismo país y el mismo tiempo en el que cinco días antes la policía política tumbaba la puerta de la casa y nos sacaba sin miramientos?, llegué a preguntarme. ¿Debía cifrar ambos episodios dentro de la misma secuencia? En verdad, no podía. O no debía. Por algún lado había que romper el consenso alrededor del cual se articulaba el tiempo del poder, el dispositivo oficial de organización de los hechos. Iba a tomar aquellos eventos y a reorganizarlos en su momento quién sabe desde dónde.

En La Habana el tránsito entre el día y la noche ocurría de modo bastante gradual, podía contemplarse sin prisa el declive de los tonos en el cielo y del ánimo en uno, pero aun así había un minuto bisagra en que la oscuridad caía abrupta, como un telón, y ese minuto acababa de suceder. Las vecinas me dijeron que la próxima vez que viniera de Nueva York no podía llegar a San Isidro con las manos vacías, tenía que llevarles alguna ropa, alguna comida. En un rato me traían la lista en un papel. Nos reímos todos, emocionados.

Caminé hasta el patio de la casa y miré desde ahí, desde el fondo hacia la calle. La madera deslucida de la puerta y las ventanas remendadas. Colchones, sábanas y trapos por el suelo. La quietud de un desorden que sobrevivía como un estado interior. Sustraídas las personas, la imagen capturaba el quiebre de la costumbre. Un garabato o el manchón de una crayola que después de combinar varios colores alcanzó un matiz único y extraño, que no podía quitarse con jabón ni gasolina, que no era vinil ni aceite, y que no parecía que se lo pudiéramos contar bien a otros ni a nosotros mismos.

Recogí mis libros y mis tenis blancos. Katherine Bisquet logró rescatar su cámara de video, con la que había grabado la entrada forzosa de la policía. Un documento valioso, escondido con disimulo bajo el reguero de algunas piezas de vestir, que afortunadamente la Seguridad del Estado nunca encontró ni confiscó. Apretujados alrededor de la pantalla pequeña, mirábamos por primera vez esos segundos que habíamos vivido sin ver.

Le dije a Luis que no durmiera solo ahí. Primero pasamos por la casa de Omara, también en Playa, a llevarle algunas pertenencias a ella y a Anamely, pues seguían con vigilancia y no podían moverse, y luego seguimos al apartamento de Mónica Baró. Una patrulla nos siguió y volvieron a parquearse bajo la ventana del frente. No querían que nos juntáramos, y a partir de ahí ya no dejaron de seguirme ni un momento. La mañana siguiente, después del desayuno, Luis quiso volver a San Isidro y la policía se lo llevó. Cumplía justo treinta y tres años.

VIDA BREVE (X)

Oscar Casanella Saint-Blancard
22 de febrero de 1979
41 años

Nace en el Hospital Militar Naval y vive desde siempre en el reparto Ayestarán, barrio Tulipán, una zona moderna de La Habana, aunque la familia, compuesta por sus padres y su hermana, ocupa un apartamento de dos cuartos en un edificio que parece un cajón, sin balcones ni nada. «El apartamento quedaba en interior, tanto así que a las doce del día había que encender la luz. Lo bueno era que si querías descansar temprano, apagabas la luz y te acostabas a dormir», dice Oscar. Su madre, Georgina de la Caridad, a quien llaman Cachita, es oftalmóloga. Trabajó como médico militar en el Hospital Carlos J. Finlay y durante una misión internacionalista en 1989 en Etiopía sufrió un accidente automovilístico que le destrozó uno de los codos y le hizo perder la sensibilidad en dos dedos de la mano. El padre, que tiene el mismo nombre del hijo, es ingeniero mecánico, pero tanto él como Cachita están ya jubilados.

En la primaria Frank País –líder de la lucha contra Batista que asesinaron a los veintitrés años, sin el cual Fidel Castro no hubiera durado una semana en la Sierra Maestra– Oscar forma parte de un grupo humorístico llamado Bajichupa. Tocan tumbadora y se disfrazan de gente famosa. En las tardes Oscar se escapa a una barbería contigua y juega ajedrez con algunos de los vecinos. Las piezas son de madera, grandes, viejas, muy bonitas, y lo fascinan. «Yo las agarraba con la mano completa y se sobresalían, imagina el tamaño de aquello.» Llega a participar incluso en competencias escolares.

El preuniversitario arranca en los Camilitos de Arroyo Arenas, escuela vocacional militar. Sus padres, con conocimiento de causa, quieren otra formación para Oscar, pero en ese momento él solo piensa en defender la patria, la revolución y el socialismo. Después del primer curso, lo embarga una profunda decepción. «Lo que yo viví allí es indescriptible. Estábamos en pleno Período Especial. Los adolescentes necesitan alimentarse, además del gasto energético. Corríamos cinco kilómetros por la mañana con las botas puestas. Estudio, guardias, marchas, tremendo. Pasé un hambre descomunal, pero lo peor no fue eso. Lo peor eran las injusticias», aclara. «Había muchos oficiales abusadores que te ponían a chapear con machetes sin cabo. Las manos se llenaban de ampollas. Te curaban en la enfermería y te volvían a dar el mismo machete. Hacías guardias en la cochiquera, donde los oficiales mataban puercos todo el tiempo y tú nunca veías esa carne. Me fui para otros Camilitos y resultó la misma mierda.»

En el nuevo centro coincide con dos nietas de Fidel Castro, también alumnas. «A ellas las llevaban en Mercedes Benz, cuando todo el mundo andaba en bicicleta. Al menos ninguna de las dos alardeaba.» Después de conocer el abuso, esta escuela le presenta a Oscar el ejercicio de la corrupción. Un oficial, el teniente Leiva, pérfido y déspota, abusa sexualmente de muchas alumnas. Tiene treinta y un años y ya peina canas. Otro, el mayor Novo, a quien le dicen el Conejo por sus dientes grandes y separados, vende pistolas y fusiles AKM. «Yo soy un tipo muy tranquilo y pacífico y ese Leiva llegó a sacarme tanto del paso que lo invité a fajarnos.» El grado de angustia es tal que terminan remitiéndolo a una consulta de psiquiatría, pero las terapias no sirven de mucho. Los consejos del médico poco tienen que ver con el rigor físico de la vida militar y sus miserias permitidas.

Tras ingresar en las filas de las juventudes comunistas, Oscar abandona también esta escuela y se va a un pre en el campo. Ahí cultiva naranjas y organiza las recreaciones nocturnas. Luego ingresa en la carrera de Física en la Universidad de La Habana, pero lo que le gusta realmente es la Bioquímica. La gente le pregunta por qué quiere cambiar de carrera, si la Física se le da muy bien. «Nada», dice, «es que yo me había leído el libro de *Parque Jurásico*, que está mil veces mejor que la película, y me había motivado mucho. Me gustaban todos los pasajeros desconocidos aquellos que hablaban de ingeniería genética, evolución, etcétera. Ya desde doce grado yo iba a concursos nacionales de Física, me salía fácil, pero no me apasionaba.»

Al año siguiente entra en Bioquímica. La familia se encuentra muy mal económicamente, y no a pesar de que sus padres sean profesionales, sino debido precisamente a ello. Un profesional cubano no tiene acceso a la moneda dura, al dólar, y debe vivir solo de su salario, lo que no alcanza para nada. Oscar empieza a vender cakes en la universidad, y también vino casero. Los hace de uva, remolacha, frutabomba, plátano y arroz. Luego los enfría, carga su mochila con varias botellas y en las noches sale en su bicicleta rumbo a las fiestas universitarias.

En aquel entonces ya es amigo de Ciro Javier Díaz, uno de los líderes junto a Gorky Águila de la banda Porno para

157

Ricardo, grupo de rock contestatario, anticomunista, que arremete contra todo, incluido Fidel Castro. No hay ningún otro músico, orquesta, o artista cubano que en ese momento, a fines de los noventa, se atreva a hablar como ellos lo hacen, de ahí que aquella cercanía sea decisiva para Oscar. «Las primeras canciones de la banda», dice, «eran más de sexo y jodedera, punk rock, pero empezó la censura, la mojigatería, no puedes tocar aquí, no puedes tocar allá. Les quisieron hacer la vida un yogurt y ahí se radicalizaron. La respuesta fue meterse directamente en la política.» En algunas de las primeras peñas Oscar se sube al escenario y toca la guitarra acústica. Una vez, en un concierto en la residencia del embajador de Polonia, le hace la segunda guitarra a Ciro, pero no como parte de Porno..., sino de otro proyecto personal de Ciro llamado La Babosa Azul. Cuando Oscar conoce a quien luego sería su esposa, madre de sus dos hijos, la diversión consiste en irse para el Malecón o el parque G en el Vedado y tocar la guitarra y beber alcohol peleón hasta las tantas de la noche. No tienen dinero para más.

En 2002 a su abuela materna le diagnostican un cáncer. Oscar empieza temprano a estudiar el tema. Su tesis de graduación trata sobre el veneno del escorpión azul o *Rhopalurus junceus*, que en Cuba se usa contra el cáncer de forma empírica. «Recorrí toda la isla recogiendo alacranes. Los ordeñaba con pulsos eléctricos, sacaba el veneno, separaba el veneno, lo fraccionaba, lo probaba en células tumorales. Trabajé tanto en la Facultad de Biología como en el Centro de Ingeniería Genética y Biotecnología (CIGB), donde aprendí muchísimo. Es un centro muy grande, muy versátil, tiene de todo, muy buen equipamiento y científicos bien preparados, pero a la vez te das cuenta de que la prioridad es la cuestión política. La vigilancia, las cámaras, los micrófonos, un ambiente muy feo y muy tenso.» El día de la discusión final, le dicen que su tesis tiene que ocurrir a puerta cerrada y tampoco se puede publicar. Además, no debe continuar con sus investigaciones a menos que trabaje en LABIOFAM, la farmacéutica nacional asociada al Ministerio de Salud Pública. «Me di cuenta de que LABIOFAM tenía el monopolio del veneno de alacrán», dice, «un recurso biológico que debería estar a disposición de cada institución que quisiera investigar.»

En 2004, ya graduado de la universidad, Oscar empieza a trabajar en el Instituto Nacional de Oncología y Radiobiología (INOR), especializado en oncología molecular. Hasta donde puede, con los recursos que hay, inicia varias investigaciones. A la par, recorre la peligrosa ruta de sus ideas políticas. Mientras más se destaca como activista, menos libertad tiene como científico. Entre 2009 y 2011 se marcha a una beca en Lausana, en el Instituto Suizo de Bioinformática. Ahí analiza grandes volúmenes de datos. «Teníamos los niveles de expresión del genoma completo del tumor y trabajábamos a veces con ensayos clínicos de cinco mil pacientes. Entonces sacabas los treinta mil genes del tumor y los treinta mil genes del tejido normal del paciente. Eso se manejaba con programación, no se podía hacer siquiera en Excel.» Mientras, viaja por varios países de Europa: España, Francia, Italia, Alemania. También va a Turquía. Dicta conferencias y le pagan más dinero del que ha visto nunca antes. Sus colegas no creen que en Cuba gane veinte dólares mensuales como salario. Oscar intenta matizar, diciendo que la salud y la educación son públicas, y le responden que en Suiza igual. Ocurre una metamorfosis. A Cuba, de vuelta al Oncológico, regresa otra persona.

Sin internet aún en la isla, fuera de algunas instituciones muy específicas, Oscar empieza a mover junto a otros colegas unas memorias flash con documentos censurados. Los noticieros de TV Martí, el canal del anticastrismo en Miami; los reportes del periódico *Cubanet*; videos, documentales y películas censuradas. En 2013 la Seguridad del Estado va a su casa y le exige que suspenda la fiesta de bienvenida planeada por la visita de su amigo Ciro, quien antes se ha ido a Brasil a estudiar un doctorado en Matemáticas. Oscar hace la fiesta y la pesadilla comienza. Vienen mítines de repudio en el trabajo, tres años de acoso. Su jefe, represor de cuello blanco, le sugiere que pida la baja, que no lo van a dejar hacer ciencia, pero Oscar, recordando lo que aprendió en Suiza, quiere todavía defender sus derechos laborales.

«A principios de 2016, los investigadores tuvimos que llenar una planilla de solicitud de acceso a internet, poner por qué lo necesitábamos, en qué lo íbamos a usar, cuál herramienta nos hacía falta, todo eso. Yo llené la mía. Lo que quería hacer era precisamente bioinformática, tenía que bajar matrices de datos de ADN, cosas así, pero me negaron el acceso por lo que llamaron "un posible mal uso de internet".» Después de varias sanciones e incontables reuniones burocráticas, a Oscar lo expulsan del Oncológico ese mismo año, bajo la excusa de «incumplimiento laboral». Antes ha conocido a los hermanos Ruiz Urquiola y se ha vuelto su amigo cercano. Los acompaña en su pelea particular, y esa vorágine disidente lo inscribe en un circuito mayor.

Para comienzos de 2020, Oscar se encuentra eufórico, porque ha llevado un sondeo de opinión pública en once provincias del país, y después de encuestar a más de cuatro mil cubanos, las cifras arrojan que un setenta y tres por ciento ve con buenos ojos el pluripartidismo y el libre mercado. Otro por ciento menor quiere libre mercado y no le interesa si el Partido Comunista sigue al frente o no.

Un último grupo se abstiene, alrededor del quince por ciento. «Yo veía que la gente protestaba por cuestiones económicas, pero no por razones políticas, y esa es la razón por la que ya me había fijado en Denis Solís, quien una vez organizó la protesta de los bicitaxeros en La Habana Vieja. Cuando lo cogieron preso, yo recuerdo que empecé a llamar a mucha gente. Llamé a Omara, llamé a Maykel, pensé que había que hacer algo.»

Oscar es uno de los activistas que va a la estación policial de Cuba y Chacón para interesarse por el paradero de Denis. Llega también al Vivac de Calabazar, municipio Boyeros, y lo llevan preso para una estación de Cojímar. La Seguridad del Estado dispersa a los disidentes por calabozos aislados de la ciudad y luego los libera en la noche, para que no tengan cómo regresar a sus casas o demoren en volver a encontrarse.

Ya en pleno acuartelamiento, su madre, Cachita, viaja a La Habana desde Estados Unidos, adonde ha ido a visitar a su otra hija, y el 21 de noviembre la Seguridad del Estado le permite entrar a la sede del MSI. «Los intereses de mis padres y de la policía política estaba alineados», dice Oscar, «porque ella quería que yo abandonara la huelga, desde luego.» Cachita le toma los signos vitales a cada uno de los huelguistas y encuentra que Maykel, debido al mal estado de sus riñones, se encuentra en las peores condiciones físicas. En paralelo, por teléfono, las discusiones de Oscar con su esposa se suceden. «Ven para acá», le dice ella, «tú te vas a morir. Te vas a morir y me vas a dejar sola con el niño, tú no hablaste esto conmigo, esto no es lo que se pensaba.» Hasta que le plantea, como ultimátum, la posibilidad del divorcio. Oscar entonces abandona la huelga en la tarde del martes 24 de noviembre. «Por una parte, me sentí mal por irme, y a la vez sabía que me iba a sentir mal también, y peor, si jodía a mi familia. La

mayoría de las veces yo hice activismo solo o con muy pocas personas, porque la información siempre se filtraba,
pero ahí hubo mucha gente en sintonía, sincronizada, y
no es que el efecto de la acción se multiplique por cada
miembro que participa, sino que entonces el efecto es ex-
ponencial.»

CIUDAD BANDERA

Al mediodía del jueves 3 de diciembre llegué a Cárdenas, el pueblo donde crecí, en compañía de mi padre. Una hora y media al este de La Habana por el litoral norte, atravesando la Vía Blanca. En casa de mi abuela, donde también vivían mi tía y mis primos, pusieron vigilancia policial en cada esquina y luego al frente de nuestra puerta. Mi madre, que residía en otro lugar del pueblo junto a mi hermana menor y mi padrastro, tenía que visitarme cada día, yo no podía moverme. El resto de los acuartelados de San Isidro se encontraba en la misma situación.

El cuadro general del barrio era desolador. No había comida, la gente salía al pueblo a encontrar lo que apareciera y la zanja se había desbordado y las aguas pestilentes y el limo negro de los excrementos inundaban la calle. Un camión de Servicios Comunales destupía la fosa de la esquina de Jénez y Jerez, un hueco engañoso en mitad del asfalto, oculto por el vómito albañal.

Cárdenas no tenía sistema de alcantarillado y esa fosa venía desbordándose y destupiéndose semana tras semana desde que yo era niño. El mismo hedor circundante, el mismo camión viejo y los mismos trabajadores hastiados, el mismo ruido de unos hierros oxidados que entraban y salían con furia del corazón de la mierda, un traqueteo que se extendía por el barrio de Fundición como la melodía de la suciedad, el mosquerío y la pobreza. Notas contrahechas para instrumentos desafinados, mal garabateadas sobre la calle blanda de la mazamorra.

Ni el hambre ni la fosa desbordada eran comentados por nadie, no había nada que decir sobre asuntos que pertenecían ya a la inevitabilidad del mundo o a la fatalidad de los cuerpos. En la noche, la gente salía a tomar aire en las aceras rotas y cuchicheaba los demás asuntos de interés. Lo hacían con pánico o desgano, con miedo o apatía o tal vez con una mezcla terrible de todo eso, sentimientos de los que nada se podía esperar, salvo lo mismo.

La casa de la esquina que quedaba frente a la fosa había perdido un pedazo del techo. Los trozos de placa quebraron por un momento la desidia de la gente, que se aglomeró alrededor, en ese desfiladero o pasillo mínimo entre las paredes de la vivienda y el agua albañal. Grabaron con sus celulares aquella nada, se dieron cuenta de que no había allí cosa alguna que pudiera volverse viral, ningún muerto, ningún herido, solo unos escombros en el suelo y dejaron de grabar para ahorrar batería, lamentándose por su mala suerte. En la casa vivía Emilito, un chico un poco torpe.

Un mes antes, veintitrés muchachos de la zona se habían robado una lancha de seis plazas del embarcadero más cercano y, en medio del mal tiempo por el paso de un ciclón, se lanzaron en busca de las costas de la Florida. El radar los captó hasta que entraron en aguas internacionales y es probable que ahí mismo se hayan ahogado. Los buscaron en los cayos de la zona y nunca aparecieron.

El otro tema era yo y mi encierro. Con el paso de los días la policía cambió la patrulla por otros automóviles, una camioneta, un bus. No sabía si con ese juego de apariencias querían demostrar que no me vigilaban, pero el efecto era justo el contrario. Estaban en todas partes y sus uniformes y equipamientos no podían leerse más que como una formalidad. De hecho, habían montado un puesto de mando en casa de una vecina lengüilarga. En algún sentido, inspiraban un poco de compasión. Se acostaban sobre el timón, pasaban frío y calor, comían en pozuelos, y seguramente no sabían ni a quién estaban custodiando ni por qué. Mi abuela quería llevarles café. Difícilmente mis pocas libras podían representar un peligro para alguien.

La familia se había reunido a mi alrededor y esa compañía resultaba fundamental. No me atosigaban con preguntas ni intentaban convencerme de nada. Se limitaban a apoyar, a pesar de que yo venía de un círculo muy fidelista, muy suscrito a las leyes y a los afectos permitidos dentro de la gestión oficial. Mis abuelos paternos vivían en la pobreza absoluta antes de que los barbudos bajaran de la Sierra Maestra, y mi padre se había hecho médico. Mi abuelo y mi padre marcaron siempre, sin cortapisas, la dirección política del hogar.

Mi madre pertenecía a una familia burguesa cuyas propiedades fueron expropiadas, dueños de considerables caballerías de tierra y centenares de cabeza de ganado que se esfumaron después de la Segunda Reforma Agraria, en 1961. Pero, también médico, mi madre había cumplido misión internacionalista en Angola en los años ochenta, había dirigido hospitales maternos en varios municipios de la provincia y mal que bien había practicado a lo largo de su vida la religión militante que sus dos maridos profesaban.

Yo no sabía bien ya lo que mi padre era, además de un hombre derrotado al que el edificio de la utopía se le había caído encima, pero mientras vivió en Cuba, salvo sus últimos compases, militó siempre en el Partido Comunista, una entidad a la que mi padrastro seguía orgullosamente perteneciendo. Aun así, las mujeres de mi familia, tanto mi madre como mi tía y mi abuela, entendían la formalidad de la política de manera tangencial, que era el modo en que la entendía una parte considerable de las mujeres cubanas. Repetían un poco y se adscribían a los dictados que primaran en sus casas, cualesquiera que estos fuesen.

Mi madre, a pesar de liderar instituciones médicas, y aunque fuesen de menor relevancia que las de mi padre, nunca estuvo sumida en las labores administrativas de esos lugares. Mi padre y mi padrastro, economista de prestigio en el polo turístico de Varadero, sí. Era lo que más hacían y lo que más disfrutaban. Empaparse de esa melaza burocrática —sumamente insoportable y estéril, aderezada con la jerga de manual del materialismo dialéctico— constituía al final lo que ellos entendían por la revolución y no estaban equivocados, pues eso es lo que la revolución había terminado siendo, un galimatías de la experiencia social. El destino de gente así, buena la mayor parte de las veces, no era otro que el destino del director de la fábrica en la película *La cicatriz*, de Kieslowski. Retirado en casa, cuidando a los nietos, desechado y obsolescente como otra pieza de cambio sin mayor uso ni importancia.

Mi madre, por su parte, era una doctora, ni más ni menos. Una obstetra que atendía y cuidaba a mujeres embarazadas. No participaba de manera activa en ninguna sala de máquinas de ningún proyecto delirante del poder. Las mujeres no habían construido la institución nacional. El régimen decía incluirlas, pero se trataba de una empresa de machos. La fuerza retórica había pasado a la generación siguiente. Lo que ahí se dijera, y no lo que a estas alturas dijeran los maridos, era lo que era, por lo que mi abuela, mi madre y mi tía no querían ya saber nada de la dizque revolución. Habían empezado a entender, a través del amor,

166

que probablemente les habían convertido la vida en una puesta en escena.

A la nueva crisis económica la propaganda la llamaba «situación coyuntural». El dólar volvía a irrumpir en una economía local de dos monedas que, después de muchos años queriendo convertir esas dos monedas en una, había logrado convertir dos monedas en tres, degradando todavía más el valor del salario. En *Sobre el gobierno privado indirecto*, Mbembe decía: «El fin del salario en tanto que modalidad por excelencia de la clientelización de la sociedad y su reemplazo por "pagos ocasionales" transforma, en efecto, las bases sobre las cuales se convertían hasta el presente los derechos, los traspasos y las obligaciones y, por tanto, las definiciones mismas de la ciudadanía postcolonial. Ciudadano es ahora aquel o aquella que pueda tener acceso a las redes de la economía sumergida y subsistir a través de esta economía».

Como las crisis en la isla abrían, pero no concluían, solo se trataba de un modo distinto de nombrar lo mismo. La palabra se movía sobre un territorio estático: Período Especial, Batalla de Ideas, «somos continuidad», «situación coyuntural». Definiciones muy precisas de lo que sucedía. En la medida en que los eufemismos se volvían literales, la realidad se transformaba en una alegoría. Antes la evidencia de que, a fines del primer año pandémico, los cubanos podían decir que el presente era una efeméride, que todo había sucedido antes, y que ahora la experiencia se reciclaba ya no como tragedia ni como comedia, sino como absurdo, los hombres de mi familia bajaban la cabeza, taciturnos y heridos de muerte, y las mujeres veían con asombro cómo la lengua se les soltaba, disfrutando esa desamarre de la neurosis que significaba hablar por lo bajo, hacer señas, comunicarse por mímica y aterrarse incluso ante la posibilidad de que uno mismo se delatara.

De golpe, la familia adquiría un sentido absoluto para mí. Desde la primera juventud, renegaba de esa institución, despreciándola como categoría conservadora, moralista y cuanta otra definición casposa se me ocurriera. Tenía, de hecho, un juego con la frase de Flaubert que Marguerite Yourcenar había utilizado como epígrafe en las *Memorias de Adriano*: «Los dioses no estaban ya, y Cristo no estaba todavía, y de Cicerón a Marco Aurelio hubo un momento único en que el hombre estuvo solo». Algo así podía decirse del hombre en el período en que se alejaba de los padres y aún no tenía hijos, una etapa que para mí comenzó a los catorce años, edad con la que me interné en la beca del preuniversitario, y que no concluía hasta ahora, cuando no me protegían o me querían individuos sueltos, sino que me cuidaba en pleno, como un todo, la familia, apretada y compacta, una colectividad consciente.

Mi tía nos tomó una foto en el comedor de la casa a mi padre, a mi madre y a mí, en silencio alrededor de la mesa, como un núcleo que nunca existió, pues ellos se divorciaron cuando yo tenía unos pocos meses de nacido. Era difícil decir si una imagen así me producía nostalgia. Seguramente no. No podía extrañar lo que no había sucedido ni conocido y no había en mí trauma o falta alguna por haber crecido con mis padres separados. Sin embargo, cierta ternura agazapada, cierta reunión alrededor de la inminencia del peligro, cierta tenacidad discreta en un hueco afectivo rodeado de gendarmes, hizo que agradeciera la manifestación de un instante tan poco probable, de una reunión filial que el desamor había imposibilitado y que la contienda política propiciaba casi sin querer.

Yo vestía un short de cuadros azules y un pulóver blanco, mi madre un vestido de rayas y mi padre una camiseta negra. Había una especie de confusión irónica en el hecho de que parecíamos llevar toda la vida juntos, y de que pudiera tomarse aquella excepción como un episodio de rutina más en un matrimonio viejo con un hijo adulto. La composición, que habría sido aprobada por los evangelismos fundamentalistas, la articulaba un paganismo robusto, la experiencia laica de la vida. La rebeldía producía imágenes tradicionales.

Los días pasaron y yo escuchaba a Silvio Rodríguez con mi padre, un ritual que nunca se agotaba ni nos aburría, pero que practicamos esa vez a partir de un incidente. En el trayecto hacia Cárdenas, mi padre no dejó de pensar en una línea específica de una canción del disco *Mujeres*: «Ay de todas las cosas que hinchan este segundo». No pasábamos por alto la posibilidad de que los policías que vigilaban estuvieran preguntándose qué clase de disidentes éramos nosotros, que escuchábamos a Silvio Rodríguez, el cantautor insigne de la revolución, el poeta del castrismo, un hombre cuyos temas más combativos se utilizaban como banda sonora de los mítines de repudio, las tribunas abiertas y los actos de reafirmación socialista en todo el país. Alguien, además, con una mirada decrépita sobre la Cuba presente, pero, al mismo tiempo, un compositor de temas que podían guarecerte o apertrecharte ante el embate del régimen que él decía defender, y ante cualquier adversidad, en general: política, íntima o metafísica.

La casa, de puntales altos, tenía un pasillo que atravesaba los cuartos corridos, desde el comedor hasta el baño. Afuera, un patio lateral que desembocaba en un terreno de tierra donde mi abuelo, antes de morir, como un maestro fantasmagórico, injertaba matas de rosas, sembraba árboles de aguacate y cuidaba al caballo que arrastraba su carretón de pasajeros a lo largo del pueblo. Viajes que costaban, en su momento, un peso cubano, a veces, quizá, dos. Cuando mi abuelo llegaba del trabajo, yo le contaba el dinero que había hecho en el día y al primer descuido le robaba unas pocas monedas para comprarme algunos dulces en el receso de las clases de secundaria. Mi tía y mi abuela se preguntaban cómo habría reaccionado él ante la situación que ahora vivíamos. Me interesé. Dijeron que me hubiera apoyado, estaban seguras. Mis dos abuelos maternos nunca fueron castristas, así que los muertos también me acompañaban. En algún sentido, yo era resultado de los abuelos más que de los padres, aunque no sabía muy bien qué quería decir con eso.

Todos fingíamos comodidad, pero no estábamos cómodos en lo absoluto. La vigilancia externa ejercía una presión constante dentro de la casa, nos sentíamos apretados. «¿Por qué siguen ahí afuera?», decía mi abuela o mi madre. «¿Qué sentido tiene?» No parecía tener ninguno, justo por eso lo tenía todo. Respondía a un método de desgaste: físico y simbólico. No había que hacer algo para que me siguieran vigilando a mí y a los demás. Buscaban convertirlo en una rutina. Vigilarte y apresarte tanto, para que ya no pareciera que te vigilaban o apresaban, para que, cuando estas cosas sucediesen, creyésemos que no sucedía nada. Que dejaran de ser un acontecimiento y que los acontecimientos fuesen entonces liberarte o dejarte en paz.

En las tardes yo caminaba por el patio y jugaba solo con los balones de baloncesto y fútbol que alguna vez le había comprado a mi primo de doce años. En la noche leía novelas. El ensayo exige agudeza, la reescritura incesante de sus ideas. El cuento demanda perspicacia, la actitud del que busca el objeto escondido debajo de la confusión de las palabras. La poesía te coloca en un trance, una emoción despierta. El vaivén de la novela, en cambio, me permitía entrar en zonas muertas, el peso retórico se intercambiaba con la velocidad de los acontecimientos y a través de aquel ritmo drenaba en cierta medida la tristeza del insomnio.

170

El ensayo, el cuento y la poesía generaban líneas, imágenes y verdades que destapaban narrativas arbitrarias y desoladoras. La novela, indulgente y flexible, generaba el olvido, el resto suave de una sensación maravillosamente inservible. Me permitía por un rato pasear la mirada, sin leer durante páginas y páginas y al final la novela no se resentía conmigo ni en mí. Luego, sin orden ni concierto, me tomaba varias pastillas de Clonazepam para poder dormir. Cada mañana me asomaba con disimulo para saber si quienes vigilaban seguían ahí. Y seguían.

Entre muchísimas pesadillas y visiones, hubo dos particularmente poderosas. En la primera me iba a jugar un torneo de softbol con colegas de la prensa estatal a un sitio como la Ciénaga de Zapata o algo similar. Llegaba al terreno en el sidecar de una moto. Los caminos estaban encharcados y enlodados y había cocodrilos y alimañas flamígeras. Logré sortearlas, mis amigos querían que yo jugara con ellos. Me dijeron que no gritara ni alardeara ni peleara mucho, para no llamar la atención. Estaba seguro de que me descubrirían. Luego me dijeron que quizá no cabía en la alineación regular y dije que cómo así, que eso nunca me había pasado. Me dijeron que llevaba unos cuantos años fuera. Lo dijeron como si todos esos años se trataran de una lesión. Ahora tenía que volver a ganarme el puesto.

Al final sí empecé en la alineación regular, aunque en el *left field*. Un amigo muy cercano estaba en el *short field* y otro en el *center field*, entonces le dije al amigo del *center field* que se cambiara conmigo. Me dijo que le daba igual y nos cambiamos, cada uno volvió a las posiciones que siempre habíamos ocupado. Las condiciones del terreno eran pésimas. Me dieron un guante, me lo puse, pero el guante no entraba bien en mi mano. Me lanzaron dos pelotas para calentar y ambas cayeron al césped. Entonces me di cuenta de que el guante era derecho. «Yo soy zurdo», dije, «yo soy zurdo», y empezaron a buscar por los bancos y las gradas un guante zurdo. No había ninguno. La gente verdaderamente quería que yo jugara, pero no encontraban guante para mí.

Muchas veces, de niño, tuve que jugar con un guante de la mano contraria, como un fildeador disléxico. Hay pocas sensaciones más desagradables que esa. La pobreza tenía guantes derechos. Sin masa, con huecos, remendados, pero derechos. Guantes zurdos no había. Tuve uno en la universidad y, cuando salí de Cuba y supe que por mis ideas políticas no podría jugar más softbol con los colegas de la prensa, se lo regalé a un amigo cercano que poco tiempo después también emigró. ¿Qué diablos habría hecho con mi regalo? Era un guante negro y yo lo olía mucho cuando no bateaban por mí.

En la segunda pesadilla mis amigos de la infancia y yo planeábamos una fuga ilegal del país. Una lancha nos iba a recoger en la costa. Salimos aparentemente a otro asunto y nos metimos entonces en el yerbazal detrás de los edificios, pero, antes de continuar, me di cuenta de que se me habían quedado las pastillas. Sin mis pastillas no podía ir a ninguna parte. Volví rápido a mi apartamento. Era temprano, quizá las seis o siete de la mañana. Saqué las llaves para abrir la puerta y ya había algo en la cerradura. Entré, busqué las pastillas y, de vuelta en la calle, me encontré solo. Mis amigos habían seguido contrario al mar, querían irse del país, pero lo que estaban haciendo era meterse más en él.

Ya no podía alertarlos. Me encontraba entonces más cerca de la costa. Pensé que si alguien se iba a ir, era yo, como en la vida finalmente terminó sucediendo. Los amigos de los que hablaba aún permanecían en Cárdenas, y hoy no sabía lo que hacían. Me pregunté en la pesadilla:

cuando cogieron contrario al mar, ¿se estaban salvando o se estaban hundiendo? Ir hacia el mar significaba morir de inmediato, trágicamente, e ir hacia adentro de la isla significaba morir lento, sin sobresaltos.

Acto seguido, una patrulla de policías parqueó en los bajos de mi apartamento, la patrulla que teníamos parqueada todos al principio o al pie de las experiencias de nuestras vidas cubanas, una patrulla que en un primer momento no se manifestaba ni se vislumbraba siquiera, pero que, dependiendo del camino que tomaras, se iba a manifestar o no, y a manifestarse, si fuese el caso, ¡de qué manera! Una patrulla que, una vez que aparecía, te dejaba saber que no hubo un día en que no estuviera, a vuelta de rueda, siguiéndote los pasos. La culpa era retroactiva. Toda vigilancia destrozaba inevitablemente la inocencia. Antes de despertar, subí a la azotea por el hueco de la escalera y me puse a arreglar la antena del televisor.

VIDA BREVE (XI)

Maykel Castillo Pérez
20 de agosto de 1983
37 años

Nace en Belén, La Habana Vieja, en Lamparilla entre Bernaza y Villegas, frente al parque Cristo. Un barrio antiguo, con memoria histórica y gente hacinada. Prostitución, pobreza, drogas. Maykel no sabe quién es su padre. La madre, Madelín, se va a Miami en 1994. «Gran parte del desvío que yo tuve pasa por la falta de una mamá», dice. «Ella se fue y yo era muy pequeño. ¿Puedes imaginarte que esa figura, que se tiene que encargar de enseñarte, desaparezca por problemas con el régimen? Algo súper triste para mí.» Mucho después, va a componer un rap con estas barras:

Quisiera verte nuevamente y abrazarte fuerte,
darte un besito en la boca, como acostumbraba
    hacerte.
Recuerdo en la escuela los regaños, los castigos,
    vieja,
cuando los maestros te decían que era la candela.

También recuerdo aquella mañana del noventa
y cuatro.
Sentí un vacío extraño, la mirada entristecida
y alguien que me dijo que quizás más nunca
volverías.
Inmenso el dolor que cegó los corazones
de los que se marcharon porque no tuvieron más
opciones.

A partir de ahí lo cuida a duras penas una tía esquizo-
frénica. Ya desde antes ha convertido en padre a un amigo
que se llama el Chulito y vive en la zona de Jesús María.
Anda en calzoncillos por la calle, quitándole cosas a la
gente, cabecilla de los muchachos descarriados. Muchas
veces duerme en los bancos del parque, se queda sin comer, la intemperie es su casa. Un día llega a la escuela un
chico nuevo, trae una mochila con el dibujo de un dino-
saurio azul. Maykel la quiere para él, pero el chico no cede
y pelean. Se llama Eliécer Márquez y con los años se va a
convertir en el Funky, su amigo íntimo y compañero inse-
parable por las rutas del hiphop nacional. «Más nunca se
hizo enemigo mío», dice el Funky. «No nos vimos como
en siete años, porque toda su infancia se la pasó en Menores, preso desde niño. Maykel no tenía ni catorce años y
ya estaba preso.»
Lo que el Funky llama Menores es un Centro de Reeducación en la Habana del Este, contiguo al Combina-
do, una prisión de máxima seguridad. «Yo era atendido
por policías, solo me dejaban salir una vez al mes», dice
Maykel. «Allí fue donde dejé de estudiar, ellos decían que
yo no tenía la capacidad, no aprendía lo suficientemente
rápido, por lo que me cogían para hacer mandados y
otras cosas.» Cuchilladas, peleas, presidio. Continúa la
vida de pandilla, quiere jurarse abakuá, la sociedad secre-

ta ñáñiga que provino de África, específicamente del sudeste de Nigeria, y que desde comienzos del siglo XIX se extendió entre la masa esclava del occidente de la isla y entre los mulatos y blancos de extracción humilde. Firma un pacto en prisión, como una hermandad entre reclusos, y se convierte en «Osorbo de la Tierra al Cielo». Después vienen más causas penales, los años de cárcel se acumulan. «Tuve que ponerme duro», dice, «hacer cosas que no hubiese querido. En fin, lo hice y aquí estoy, pero pagué caro por eso.»

A sus dieciocho, ya en la calle, vuelve a encontrarse con el Funky. A los dos les gusta el rap. Maykel le enseña los temas que estuvo escribiendo encerrado. Empiezan a presentarse en algunos lugares. «Como era problemático, a veces no lo dejaban cantar, y eso lo ponía peor. Igual él siempre tiró rap contestatario desde el principio», dice el Funky. Poco tiempo después cae preso de nuevo y no se encuentran más hasta 2012. Ahí, una persona muy querida para Maykel, Fernando el Gordo, le presta un estudio de grabación y trata de guiarlo por el camino de la música, sacarlo de la cultura presidiaria. Para ese entonces el Funky trabaja en su casa, en una cafetería particular que ha abierto su padre, pero la vida le cambia cuando Maykel lo visita y lo reta: «¿Qué hace un tipo con el talento tuyo vendiendo coquito y refresco?».

«Empezamos a cogerlo como un hobby», dice el Funky. Se presentan en un concierto del compositor y productor Yimi Konclaze en la Madriguera, un centro recreativo en la Quinta de los Molinos, ubicado entre Centro Habana y el Vedado. «Lo partimos a la mitad, una partía descomunal con solo dos canciones.» Un rato antes, Maykel le había sugerido a su amigo vestirse de otra forma. «Me dijo: "Bróder, tenemos que cambiar esos parámetros de los raperos, todo anchos". Fuimos con blazer, camisas de

177

mangas largas, abotonados hasta el cuello, zapatos punti-finos.»

El dato de la ropa no es menor. Más adelante, Ana-mely Ramos va a escribir sobre Maykel: «En su caso estamos en presencia de una estética del racionamiento y de la lucha contra él. Como buen acaparador de barrio, Maykel es tarequero. Lo muestra en las tres y hasta cuatro piezas de ropa que se pone, entre calzoncillos, licras, shorts y pantalones. "Para que, si me meten preso, pueda irme quitando la ropa y no estar sucio en ningún momento", explica con la intención de minimizar el absurdo, pero todos sabemos que disfruta esa especie de protección adicional que dan las ropas, o los objetos en general. Gorras, a veces también más de una, pañuelos, objetos punzantes, *iddes*, rosarios, manillas. Yo le digo que es el nuevo negro curro pero no tan étnico, pasado por el agua de las *trapishopping* y de las *mulas*.

»No es extraño entonces que los performances de Maykel estén siempre ligados a la ropa, a los atuendos y significados de los mismos. El cuerpo que Maykel exhibe no empieza o termina en la piel desnuda, sino un paso antes, nunca llega al despojo y a la vulnerabilidad extrema de lo desnudo. El cuerpo de Maykel es el cuerpo social, es la estética de un sistema político, sus afeites y sus simulaciones, también su precariedad. Son sus sucesivas y a veces involuntarias vestiduras, sus continuas formas de estar preso, o marcado».

En 2013 Maykel y el Funky desembarcan en el Festival de Hiphop Underground Puños Arriba, una iniciativa un tanto independiente que busca visibilizar a los raperos que no cuentan con el apoyo de los medios de difusión nacional. Justo en esa edición la burocracia cultural cancela la gala de premiaciones y la organización del festival protesta de modo enérgico: «Queremos, a partir de este comunicado, denunciar el manejo feudal que del arte y la cultura hacen las instituciones oficiales, amparadas por una política cultural obsoleta y despótica, donde no se tiene en cuenta ni se respeta al artista como creador, mucho menos las obras que brotan de aquellas mentes creativas. La actual situación que en cuanto al arte y la sociedad se está viviendo se hace insostenible, la censura constante, las amenazas, las intimidaciones o las advertencias han arribado a un punto inadmisible...».

Maykel está presente en todo esto, y su experiencia límite de vida encuentra en la comunidad de raperos el contexto para la formación más nítida de su conciencia política. Graba un disco y el Funky otro. Ambos resultan nominados a los premios. Él en Contenido Social, el Funky en Contenido *Beef*. Él no gana, el Funky sí. «Éramos artistas nuevos, y llegar hasta ahí nos llenó más de energía. Empezamos a grabar *Los más duros*», dice el Funky. En ese disco, lanzado en 2014, Maykel saca un tema, «Por ti, señor», dedicado a Fidel Castro. Lo trata con respeto nominal, y le dice:

Usted no ha camina'o por las calles de mi Habana.
Usted no sabe un carajo de la realidad cubana.
Usted se nombró a usted mismo y a su hermano
      Comandante.
Usted es un abusador y un extremista arrogante.
Usted no se imagina cuánto abusa un policía.
Usted reflexiona bastante, pero su alma está vacía.

La canción le trae mucha popularidad y también otro año de prisión.

En 2016 regresa y gana tres premios Puños Arriba. Nace su hija Jade de la Caridad. Son quizá los mejores tiempos de su vida. Maykel rapea con un estilo muy agre-

179

sivo. Parece un boxeador de corta distancia, que lanza las palabras como ganchos, secas y contundentes. El arte le entrega un propósito, cuando una noche, caminando por La Habana Vieja con su padrino de religión, que ha venido de visita desde Italia, dos muchachos se disponen a asaltarlos. Quieren las cadenas de oro del padrino. Maykel se mete entre los atacantes y su padrino y le encajan un punzón que le roza el corazón y le provoca un neumotórax. Lo hospitalizan en terapia intensiva en el Hospital Calixto García. Su madre viene de Miami y se encuentran por primera vez en veinte años. Roza la muerte, pero poco a poco va recuperándose. Vuelve a librarla. Su cuerpo está lleno de cicatrices.

Cuando los asaltantes se enteran de que han apuñalado a Maykel Osorbo, empiezan a mandarle mensajes de disculpas y a preguntar cuánto hay que pagar. Lo hacen muchas veces. Durante varios meses, cada vez que Maykel necesita dinero o se siente mal, pide que le envíen cien dólares, y los asaltantes obedecen. «Él es un elemento reconocido», dice el Funky, «y se sabe que no tiene miedo. Ese sentimiento que se llama "miedo", Maykel no lo tiene. Un tipo que se ha criado en la calle y en la prisión y es una mente.»

Después de su restablecimiento, conoce a Luis Manuel Otero. En septiembre de 2018 prepara una lista de temas específicos y se expresa abiertamente contra el Decreto 349 durante un concierto en la Madriguera. Por ese entonces, no es el único artista que lo hace, pero solo él termina en prisión. Otro año más. Cuando regresa a la calle, su fama crece a pasos agigantados.

En la Navidad de 2019 lo detienen arbitrariamente y le ponen una multa, que él rompe en el calabozo durante una transmisión en vivo por Facebook, pues los policías olvidaron retirarle el celular. A partir de ahí, las transmisiones se vuelven una costumbre y él se convierte en un cronista de la zona vieja de la ciudad. Camina por ella y va comentando la vida de la gente, la suya propia, las filas para comprar comida, los edificios destruidos. Genera mucha empatía y apoyo, empiezan a enviarle donativos desde el exilio y le soluciona problemas a la gente. Cree que la policía política le teme a su relación con el barrio de Belén. «En este barrio he sufrido, he tenido alegrías», dice. «Imagínate que este barrio yo lo he caminado de punta a cabo descalzo. Ellos saben que es mucho más grande que San Isidro y que la gente me sigue, tienen informantes acá que les cuentan.»

En junio de 2020, la Seguridad del Estado lo detiene por veinticuatro horas. Quieren comprarlo. Al salir, le cuenta a Anamely, quien se ha convertido en su novia, que esa vez no lo trataron mal ni lo metieron en ninguna celda. «Me llevaron a una casa de descanso en Siboney, de esas casas enormes que ellos tienen. Me pusieron en un cuarto muy cómodo, con colchones de verdad, con sábanas de verdad, con televisor pantalla plana. Me dieron de comer camarones. La mejor comida de mi vida la comí allí. No entendía nada. Pero poco a poco empecé a comprender. Lo único que quieren es que no ande más con Luis Manuel Otero, que no me mezcle más con personas diferentes a mí, y que, según ellos, no me entienden.»

Un día, Maykel le pregunta a Anamely qué significa la palabra *antagonista*. Ella responde y luego le comenta: «Ven acá, pero ¿esa palabra tú no la usas en una canción?». «Sí», dice Maykel, «y la usé bien, por lo que tú me dices ahora. Ño, qué bueno me quedó ese tema.»

Mi padre fumaba tabaco, displicente. Ahora ese acto adquiría el matiz de la impaciencia. Lo hacía en el quicio de la puerta, mirando a la calle, o en una butaca en el patio al atardecer. Yo lo observaba. No a él, sino lo que fumaba, aquello que se consumía. Tenía mis ideas sobre el asunto, a pesar de no haberlo probado jamás ni pretender hacerlo.

En *Contrapunteo cubano del tabaco y el azúcar*, Fernando Ortiz le entregaba al primero una condición de festividad y excesos y a la segunda, un carácter escolástico y severo. El murmullo de la plantación, la gesta colectiva de la caña, incluso la sangre y el sudor como abonos regados por los surcos del progreso, la fatiga de los cuerpos, esa ausencia de exquisitez o refinamiento en el azúcar, su sabor, su mezcolanza magnífica consigo misma, un producto que se medía en toneladas, que se transportaba a granel, cuya medida era la medida del vulgo desatado, me impedía ubicarlo en la esquina del ayuno y la penitencia. La elaboración del tabaco, a su vez, seguía desde el inicio un camino más solitario, yerba sometida a un proceso laborioso y delicado que no parecía sugerir en ningún momento bacanal alguna.

A pesar de Churchill, de los actores de Hollywood, de los dandis millonarios, de los mafiosos judíos e italoamericanos, y de otros tantos presidentes y primeros ministros ilustres, para mí el tabaco no era un emblema distintivo de la aristocracia secular, el glamour o la usura, sino que me remitía a otros estados, a otros individuos, alejados de la fiesta de etiqueta, el exhibicionismo galante o el placer sencillo de la degustación. Coqueteaba con el sacrificio y el rigor marcial, con el abandono metafísico, con el cinismo del poder absoluto, y con el folclor turístico que desdibujaba la tragedia.

Había una historia de la Revolución cubana y su deriva a través del tabaco. La primera fase, mítica, tenía su representante en Guevara. La segunda fase, despótica, encontraba su imagen en las francachelas de los coroneles y generales, veteranos de las guerras de África, que reían a mandíbula batiente, blasonaban de sus muchas amantes regadas por la isla y manejaban el país como si fuera su finca. Pudiera pensarse que la tercera fase, el réquiem, le correspondía al turismo, los dólares y la prostitución, al Festival del Habano, a las cajas de Cohíba en las estanterías de las terminales de aeropuerto y en las tiendas de los hoteles de Varadero. En esa tercera fase, el tiempo mítico quedaba convertido también en mercancía, de ahí que una boina roja con la cara de Guevara compartiera repisa con los lotes de Partagás o Romeo y Julieta, quedando así subsumidos los cataclismos históricos en la amarga ironía de las ferias de artesanos.

La primera fase terminaba en octubre de 1967, en Bolivia. El fin de la segunda fase comprendía el período que iba desde 1986, cuando Fidel Castro decidió dejar de fumar, hasta 1989, con el fusilamiento del general Arnaldo Ochoa, al que acusaron de traición a la Patria por entrar en negociaciones con narcotraficantes del grupo de Pablo

184

Escobar, supuestamente sin el consentimiento de los líderes del régimen. La tercera fase, en cambio, no concluía aún, por eso yo creía, contra toda evidencia, que la tercera fase no tenía rostro, era anónima, o bien su rostro no presentaba facción alguna, tal como no podían presentar facciones esos aturdidos hombres famélicos que se acodaban en la barra de cemento de una cafetería estatal, con una radio de fondo mal sintonizada, y compraban un tabaco por un peso cubano, o dos tabacos o tres, y los tabacos que no iban a fumarse en el momento los guardaban en el bolsillo deteriorado de la camisa. En las monedas con que pagaban podía verse todavía la recia cara de espanto de José Martí.

En su cargo de jefe de Cuba, Castro expulsaba el humo y seguía hablando en televisión. Sus imágenes de fumador revelaban una suerte de desparpajo cruel, de irritante descaro. Dejó el vicio a los cincuenta y nueve años, por lo que no había fotos suyas de viejo fumador. En todas, resaltaba cierta plenitud física, alguien que se sabía dueño de tanto como ningún hombre merecía. Entre muchos otros, había sobrevivido, según decían, a un atentado específico de la CIA, que buscó envenenar su tabaco a inicios de la revolución.

A veces tenía cara de villano. Mordía el Cohíba en la esquina de la boca, los ojos alucinados, las cejas y la barba enmarañadas, su uniforme de campaña. A veces tenía un aire pensativo. Quizá acababa de plantarse ante el mapa de operaciones de Angola o Etiopía, sus tropas en el frente de batalla, viéndose como un Napoleón del Tercer Mundo, como un mariscal No Alineado. A veces fumaba extasiado o con los lentes en la cabeza, mirando por encima del hombro, acaso oyéndose incesantemente decir cosas a los demás, cualquier cosa, admirando el bíceps de su retórica inflamada.

Sin embargo, la risa resumía su lugar en la historia, el sitio al que más consistentemente pertenecía, porque señalaba la piedra de toque del tirano: el costo de su frivolidad. Podía estarse riendo de su propio chiste del momento, pero al final, si se reía o se burlaba, el tirano siempre parecía reírse o burlarse de sus víctimas.

Aunque pareciera combatir el tabaquismo, Castro se convirtió a partir de los años noventa en uno de los embajadores del habano para el mercado internacional. La imagen de su risa pasó a formar parte de la galería idiosincrática que Cuba intentaba rentabilizar. En algunas de las vallas proselitistas que abundaban en las carreteras nacionales o en algún cartel de algún aeropuerto, el aparato de propaganda y publicidad que giraba alrededor del líder y del tabaco como emblemas de exclusividad bien pudo haber puesto una foto suya acompañada de esta línea sufrida del libro de Ortiz: «El tabaco lleva orgulloso, hasta que muere, el anillo de su marca; solo en el fuego del sacrificio quema su individualidad y la hace cenizas para ascender a la gloria».

En agosto de 2016, el reconocido torcedor Jorge Cueto terminó un habano de noventa metros en conmemoración del noventa cumpleaños de Castro. Fue un tabaco hecho para fumárselo en la muerte, porque tres meses después Castro fallecería. Naturalmente, ningún hombre podía agotar un tabaco de esa dimensión, torcido para la boca de la megalomanía, no del ocio o el placer.

A todo esto se oponía, en cambio, una cuarta fase permanente, oculta. La fase oblicua. No se podía decir de ella que había sucedido, ni que estaba sucediendo o que iba a suceder. No podía explicarse dentro de ninguna causalidad. Una vez accedías ahí, dejabas ya de medir, y no contabas siquiera con las herramientas para llevar a cabo ese ejercicio. Los eventos asociados establecían su propio concubinato, tráfico de infidelidades en una región de asombro. Se trataba de «la forma en devenir en que un paisaje va hacia un sentido». Esta era la fase, nadie sabe cómo, o por qué, en la que fumaba su tabaco el señor Lezama Lima, quien murió en 1976, en la plenitud del tiempo despótico del tabaco, cuando su fase oblicua no era ya permitida, de ahí que la muerte lo sorprendiera acompañado casi únicamente por la multitud de sí mismo: vigilado, apartado y censurado.

En *Paradiso*, el hombre que escribió como si fuera esa la primera vez que el castellano se usara, o como si fuera la última vez que el castellano se fuese a usar, dejó también un diagnóstico del drama de la revolución: «El animal fuerte, poderoso, resistente, que ríe con el testuz lleno de frutas y pájaros insulares, obliga el ámbito al sofoco. Pero solo nos separamos, en una dimensión de superficie, de aquello que sabemos que es una fuerza, demasiado oscura, indomeñable para nuestra progresión. Pero el animal fuerte, toro del demonio, un tanto cegato, apenas precisa que alguien se le quiera separar, lo mima, se encariña con él, de noche revisa las piezas para comprobar el pequeño adormecido (...). En el animal poderoso, la conciencia de lo que se quiere separar es el nacimiento de un ojo. Entonces siente al lograrse la separación, la pérdida de un tentáculo de sensibilidad. Y brama rizando el cielo. Es una hermosa pelea. El espíritu de la separación es instantáneo y por eso llora. Al realizarse tiene que estar ya en otro banco de arena. Su capacidad para los comienzos es pobre, se engendró en un contraste. Desaparecida la bisagra de las constataciones, es un fantasma gimiente. El cierre de la ruptura, de la separación, es lo implorante, y por eso, lo que usted cree, antaño lo eran, que son cantos guerreros, ahora es salmodiante, son cantos de imploración».

El uso de las comas respondía a las pausas de su respiración asmática, linaje al que, desde Séneca hasta Proust, le interesaba pertenecer. No así a la genealogía de los fumadores de habanos. En sus fotos de fumador, Lezama no tenía ningún aura, no se desprendía de su porte ninguna categoría económica o política, solo el misterio de la costumbre, el desfile de las sombras cotidianas. De cualquier modo, cabía trazar un arco dramático que iba desde la mirada enciclopédica hasta cierto desvanecimiento sensual.

Otro asmático fumador era Guevara. Cuando murió, cerrando así la fase del tabaco como tiempo mítico de la revolución, Lezama lo llamó en una elegía en prosa un Viracocha con «afán de Holocausto». No sé si haya una línea que defina con más exactitud a Guevara. De él podía decirse lo que Blanchot de dos ilustres jacobinos: «La virtud de Robespierre, el rigor de Saint-Just, no son más que su existencia ya suprimida, la presencia anticipada de su muerte, la decisión de dejar que la libertad se afirme en ellos y niegue, por su carácter universal, la realidad propia de su vida. Tal vez hagan reinar el Terror. Pero el Terror que encarnan no proviene de la muerte que dan, sino de la muerte que se dan. Llevan consigo sus rasgos, piensan y deciden con la muerte a cuestas, y por eso su pensamiento es frío, implacable, tiene la libertad de una cabeza cortada».

En 1965 la noticia de la enfermedad grave de su madre sorprendía a Guevara en la guerrilla del Congo. Ahí escribió una suerte de relato llamado «La piedra». «Tenía deseos de fumar y saqué la pipa. Estaba, como siempre, en mi bolsillo. Yo no perdía mis pipas, como los soldados. Es que era muy importante para mí tenerla. En los caminos del humo se puede remontar cualquier distancia, diría que se pueden creer los propios planes y soñar con la victoria sin que parezca un sueño; solo una realidad vaporosa por la distancia y las brumas que hay siempre en los caminos del humo.» Lo embargaba la tristeza, pero, aun así, destacaba su férrea, draconiana disciplina, que lo distinguía de sus soldados y le permitía establecer la casta a través del padecimiento. Seguía siendo, además, esclavo de un optimismo que degeneraba en consigna programática, asfixia de la vida en el socialismo real.

La aventura revolucionaria en África era un caos, pero Guevara se resistía a reconocerlo. Su madre moría finalmente ese mismo año, un año que había comenzado con su regreso a La Habana desde Argel y con su conversación definitiva con Fidel Castro, la conversación en la que le entregó la carta de despedida que Castro leyó ahí mismo, antes de que se acabara 1965, sin esperar un segundo más. Se cerraban las puertas para Guevara, que se había vuelto enemigo de los soviéticos y, por tanto, ya no convenía.

Justo en la embajada cubana en Argel, Guevara descubrió una vez un volumen del teatro de Virgilio Piñera en el librero de algún diplomático. Iracundo, tomó el libro y lo arrojó contra la pared, diciendo que era el libro de un maricón. No sería descabellado pensar que un libro de Lezama habría corrido con la misma suerte. De hecho, así como ese gesto se convirtió luego en política cultural, el gesto fundamental de la fase despótica del tabaco, el libro tampoco era solo de Piñera, sino que representaba una literatura en sí, un hábito entero que iba a suprimirse, a castigarse.

Quedaban, danzantes, el fumador anónimo, el fumador suicida, el fumador oblicuo, el fumador imperial. Cuando la ceniza acumulada se alzó finalmente sobre todos como cuatro paredes irrompibles, Lezama escribió en *Fragmentos a su imán*, su último poemario:

De la contradicción de las contradicciones,
la contradicción de la poesía,
obtener con un poco de humo
la respuesta resistente de la piedra...

189

VIDA BREVE (XII)

Anamely Ramos González
22 de enero de 1985
35 años

Nace en Bembeta 373, en Camagüey, muy cerca del cementerio de la ciudad y de la iglesia del Cristo. Su madre es Melis del Rosario González y su padre, Rafael Ramos Pimentel. Ella da clases en la universidad de Filosofía, imparte Marxismo y Pensamiento cubano. Él trabaja como funcionario en la empresa de Telecomunicaciones. Ambos estudian juntos desde el bachillerato, luego cursan la carrera de Comunismo Científico en la Unión Soviética, pero solo Melis se mantiene en la docencia. El matrimonio termina cuando Anamely es todavía una niña. Vive en una casa con dos pisos y varios espacios independientes. Uno para su abuela, otro para su tía y los primos, y otro para ella, su madre y su hermano, aunque Anamely pasa casi todo el tiempo con su familia más lejana, en otra vivienda de la misma cuadra. Un sitio colonial con techo de tejas y un patio inmenso con muchos árboles de mamoncillo y tamarindo. Ese, el patio, es su lugar preferido. Transita medio clandestina de un cuarto a otro. Le

191

gusta mantenerse escurridiza. Lee a escondidas y se imagina cosas, qué hacer en el futuro, su encuentro con gente desconocida, la mayoría muerta.

«Me obsesioné con Martí», dice. «Estaba como en tercer o cuarto grado y recuerdo que incluso pensé que Martí tenía mi mismo signo, que era Acuario como yo. Todavía en la secundaria todo el mundo se burlaba de mí en el aula porque, si hablaban mal de Martí, yo me molestaba, lo defendía. Entonces me decían que al final yo no era familia de él ni lo conocía ni nada. Tenía una conexión con Martí como muy mística, sí, era algo muy raro, realmente. Me gustaba mucho leerlo.»

En la primaria, otra casona laberíntica con varios pisos y dos patios interiores, Anamely canta y recita poemas en los matutinos. En su casa, con apenas cinco o seis años, se sube a una silla y la familia la escucha declamar. Es extrovertida, juega con los varones, se va al parque del barrio y trepa los árboles. También se bautiza y hace la comunión, aunque en su familia nadie practique religión alguna. Un día, en cuarto o quinto grado, va caminando con una amiga y ambas entran a una iglesia de casualidad. La iconografía la impresiona, la historia de los santos. Alguien explica algunas cosas a un grupo de feligreses y Anamely escucha con atención. Cuando llega a su casa un poco tarde y cuenta que viene de la iglesia, su padre enloquece. «Creo que me dio un cocotazo y me tumbó la hebilla que tenía puesta. Fue la única vez que me levantó la mano, y me quedé pensando en cuán grave podía ser lo que yo había hecho.» Aquella resistencia adulta hace que se aferre todavía más a la iglesia, aunque su relación con el catolicismo es en realidad un tanto heterodoxa.

A la Vocacional de Camagüey entra sin hacer pruebas de ingreso. Ha ganado el Concurso Provincial de Historia, lo que le otorga un pase directo. Así, de compe-

tencia en competencia, recorre toda Cuba. Su primer novio es un muchacho que concursa en los certámenes de
Matemática y que luego, cuando ambos se van a La Habana, cambia los números por la toga y se convierte en
sacerdote de la orden jesuita. En 2003 Anamely comienza la carrera de Historia del Arte. No le han dado beca,
porque técnicamente le corresponde estudiar en Santiago
de Cuba, pero cambia su dirección postal y se muda a la
casa de una amiga de su madre en el municipio Cerro.
A los seis meses entra al Convento de María Inmaculada,
ubicado en la Esquina de Tejas, donde las monjas regen-
tan un asilo de ancianos y también acogen a ciertas estudiantes universitarias que no tienen beca garantizada o
cosas así. Contrario a las residencias universitarias, ahí la
habitación es personal, todo está limpio y hay desayuno,
almuerzo y comida. A cambio, nadie puede llegar pasadas
las diez de la noche. A veces te corresponde limpiar los
baños colectivos o fregar los platos de la comida. La ren-
ta, más bien simbólica, cuesta unos cientos de pesos al
mes, que se usan para cubrir los gastos eléctricos del convento.

Al graduarse de la universidad, Anamely va a dar clases de Arte Cubano al Instituto Superior de Arte (ISA), se
convierte también en curadora, pero el vuelco de su trayectoria académica viene años después, cuando acepta impartir Arte Africano. «Tuve que estudiar como una loca. Me
pasé todos esos meses sin dormir prácticamente, preparan-
do aquello. No había bibliografía. Tú ponías en internet
África y te salía cualquier mierda, un safari, no sé qué, nada
importante. Me tomó años armar el programa, que no existía. El programa era una sola hoja con unos temas sueltos.
Ya, ese era el programa que había de la asignatura en el ISA,
porque el ISA siempre ha sido un desastre en términos de
programas y cosas metodológicas.»

En paralelo, ha tenido un hijo al que nombra José Julián, como Martí. La relación con el padre, un violinista exquisito, termina poco después del parto, luego de cinco años. «Yo nunca logré insertarme del todo en ese tipo de vida hogareña. Vivíamos con sus padres también, y ya con el niño hubo muchos conflictos sobre cómo criarlo y todo eso. Aquello se volvió un infierno, el año de maternidad fue horrible», dice. «No entendía por qué tenía que ser yo la que se quedara en la casa cuidando al niño, sin salir. Fue muy difícil, realmente, porque además yo no tenía casa en La Habana. Si me separaba, no tenía para dónde ir.»

Se alquila entonces con José Julián en el Cerro, en la calle Ayestarán, un lugar medio destruido y muy barato para los estándares de la ciudad. Tiene que contratar un albañil para que arregle varios desperfectos. Ahí conoce a un muchacho vecino que vive en una cuartería. Se llama Lázaro y es *Obba*, maestro de ceremonias en la religión yoruba. «Le pedí que me llevara a los rituales. Yo en mi vida había visto nada africano, o en este caso afrocubano, ¿no? Y no era lo mismo. Yo no tenía que dar clases ni de religión ni de cuestiones místicas, sino arte puro y duro, pero Lázaro y yo terminamos enseñándonos muchas cosas y nos hicimos novios también. Una relación muy curiosa», dice, «nunca había tenido yo una relación con una gente así de barrio, medio negro, no sé, con una historia difícil de vida, igual de violencia anterior. Fue un poco un tráiler de lo que vendría después.»

Al final tiene que irse del alquiler porque el niño no se adapta. Ha acumulado en esos meses muchos libros, y los deja en casa de Lázaro. A regañadientes regresa a Camagüey. Ajusta las clases en el ISA para que las programen todas en una misma semana. Así ella puede viajar de tanto en tanto y no abandonar la universidad. Una de esas veces pasa por el alquiler y encuentra que en la cuartería casi cada vecino lee uno de los libros. Lázaro los ha prestado, formando una suerte de biblioteca ambulante.

Aparece entonces la posibilidad de que Anamely vaya a Luanda, capital de Angola, a impartir clases con un contrato de trabajo como profesora del ISA. Su hijo tiene dos años y queda a cargo del padre. Allí, además de las asignaturas ya programadas, inventa una nueva, introductoria, porque los estudiantes no traen consigo ninguna enseñanza artística previa. Lo hace sin consultar a nadie. Cuando viene una auditoría desde Cuba para revisar el programa de estudios, le dicen que tiene que cancelar su asignatura improvisada. Anamely se niega. Comienzan los conflictos con sus superiores. «Tuve que desaprender todo lo que yo había estudiado, toda la lógica entera del arte, porque aquello no funcionaba ahí. Eso fue lo mejor que me pudo pasar. Empecé a entender muchas otras cosas, el vínculo del arte con el contexto, con la gente, con su historia, con lo social también, pueblos distintos, no sé, algo hasta cierto punto fuera de Occidente», dice. «Me vinculé mucho con los estudiantes, iba a sus casas, a sus rituales cotidianos, como cuando se casaban o morían personas. También hicimos varios festivales, ellos actuaban y escribían sus obras. Tuve muchos novios. Creo que los profesores aprendimos más que ellos, la verdad. Adoré a los abuelos a niveles increíbles. O sea, yo sentía que era gente muy alegre, como muy expresivos, ¿no? Lo tienen así, en la manera en que hablan, usan muchas onomatopeyas, como si cantaran. Bailan súper bien, increíble, la kizomba y todas esas cosas. A mí me volvió loca, yo me volví loca con eso.»

No quiere irse de Angola, les promete a sus alumnos que va a volver. Llora por un mes entero, adelgaza y se enferma, el golpe emocional de la partida la debilita y contrae una infección en los riñones. Valora incluso llevar consigo a su hijo, pero el riesgo es alto. Hay paludismo, fiebre tifoidea y muchas otras enfermedades mortales. Con el dinero ahorrado durante la misión, logra finalmente comprarse un apartamento en La Habana, en San Miguel 658, municipio Centro Habana.

De vuelta a las clases en el ISA, Anamely siente como si le hubieran dado un electroshock. En las reuniones con directivos y profesores no se queda callada. Se convierte en alguien incómodo, capaz de emitir críticas directas contra los funcionarios de la universidad y también contra los más altos dirigentes del país. Un año después viaja al extranjero cinco días y, sin miramientos, la expulsan de la escuela, amparados en un decreto que no le permitía salir del país sin autorización. Apela al Órgano de Justicia Laboral, después a los tribunales. El proceso de apelación arranca en julio de 2019 y dura alrededor de seis meses. La sentencia favorece a la escuela, como era de esperar, y cuando se dispone a elevar su queja ante el Tribunal Supremo de Justicia, la Seguridad del Estado la visita y le dice que no siga, que no le van a restituir el puesto.

Por esas fechas, Anamely empieza junto a un par de colegas el proyecto Ánima, donde recopilan la información curatorial de cada exposición que han venido organizando desde 2010, el trabajo de memoria histórica realizado en lugares abandonados de la ciudad, investigaciones académicas y artísticas, obras de arte, libros, y una página web que también funciona como archivo. Esa labor independiente la acerca al mundo del arte alternativo en La Habana y ahí conoce a Luis Manuel Otero. «A él antes lo detenían mucho y a mí normalmente no me preocupaba demasiado, había como una especie de tabú con ese tema, ¿no?», reconoce. «Era como que tú sabías, pero no querías saber, básicamente. Después de conocerlo, fue como si ese velo se hubiese roto. Recuerdo justamente un día que él puso: "La Seguridad del Estado está fuera de mi casa y yo voy a salir ahorita". Le escribí y le dije que no saliera, y él me dijo que nadie lo dejaba preso en su casa. Me imagino que muchas veces mucha gente le escribió cosas de ese tipo. Le respondí, lo recuerdo perfectamente, que lo entendía y que seguramente yo haría lo mismo que él, que me avisara cuando fuese a salir.»

En marzo de 2020, la policía política se lleva preso a Luis con intenciones de juzgarlo por «daños a la propiedad» y «ultraje a los símbolos patrios», y Anamely es una de las colegas que encabeza la campaña por su liberación. Acto seguido, pasa a formar parte del Movimiento San Isidro. Ahora también ella tiene vigilancia fuera de su casa. En los meses previos al acuartelamiento, sufre la represión constante de la policía política. Cada nuevo capítulo alcanza otro grado inédito de violencia. A mediados de junio va a la estación de Cuba y Chacón a preguntar por el paradero de Maykel Osorbo, a quien se han llevado preso por enésima vez, y una policía la tira al suelo de una manera totalmente innecesaria. «Yo sentí, a nivel corporal y en todos los órdenes, que algo había cambiado. La persona que se levantó del piso era ya una persona totalmente distinta. Me transformé en ese momento y me di cuenta de que a partir de ahí iba a estar transformándome todo el tiempo.» Golpean a los negros, pero también a una intelectual. Una zona de la sociedad civil, indiferente a la suerte de los artistas autodidactas, se solidariza con ella.

En otra ocasión, al salir de su casa, una patrulla la persigue y la retiene contra su voluntad. En el primer interrogatorio, la policía política le dice: «Tú publica lo que quieras, pero no salgas a la calle con Maykel y Luis, no lo vamos a permitir, vamos a estar ahí para cuidarte, porque ellos te están manipulando». No hace caso. La tensión y las detenciones aumentan, también los maltratos físicos y los actos de repudio. El 10 de octubre, Día de la Independencia Nacional, todos van presos por haber planificado un concierto de rap en San Isidro. Tal parece que pasan años en esas pocas semanas. Su cambio es radical, la familia apenas la reconoce. Cuando va a averiguar por Denis Solís a la estación de Cuba y Chacón, se la llevan para un calabozo en el municipio Regla, al otro lado de la bahía. Allí los policías son amables. Permiten que almuerce afuera, y quien la atiende por la Seguridad del Estado les advierte a los oficiales rasos cómo deben comportarse con ella. «En ese tiempo yo estaba tomando antibióticos. Tenía unos granos en las piernas, y como sabía que me iban a detener, yo andaba con un paquete de galletas dulces, algo muy loco, porque este paquete de galletas me acompañó a mí los cuatro días de detenciones», dice. «No podía dejar de comer. Si lo hacía, los antibióticos podían provocarme gastritis.» Además, Anamely debe estudiar, porque en agosto último comenzó a distancia un doctorado en Antropología por la Universidad Iberoamericana de México. Entonces la dejan pasar libros al calabozo, también bolígrafos y libretas, y va tomando notas y apuntes durante las horas de reclusión.

En una de las literas de cemento recuerda haber visto grabado, con algo punzante, el nombre de una mujer y una fecha. Debajo decía que era una Dama de Blanco. «Fue muy emotivo», dice, «escribí algo sobre la compañía en esos momentos, cómo no estás sola, cómo ha habido gente antes que tú en esa situación.» Luego viene el acuartelamiento. Anamely duerme con Maykel, cuerpo en huelga. El resto le dice que no lo obligue a tener sexo, que si tienen sexo lo va a matar.

198

RUIDO Y SILENCIO

Gente cercana me aconsejaba que no intentara salir de casa hasta después del 10 de diciembre, Día de los Derechos Humanos. La policía política no iba a quitar la vigilancia antes de la fecha. En televisión, un ministro obeso leyó una información de última hora en la que anunciaba para el nuevo año, básicamente, la búsqueda de dólares y el mantenimiento de la represión. La perplejidad y el desconcierto disfrazaban el pánico general.
A mí las efemérides me daban lo mismo. Pensé que después del 10 venía el 17, fecha en la que restablecieron relaciones con los gringos, y así toda la vida. Una amiga tenía la idea de que la Seguridad del Estado no sabía qué hacer con nosotros, los acuartelados de San Isidro. Aquello me alarmó. Teniendo en cuenta que nunca sabían lo que iban a hacer con nada y la ingente cantidad de tiempo que ese pequeño detalle siempre consumía, podía pasarme fácilmente diez años en Cárdenas antes de que tomaran una decisión y luego diez años más hasta que la decisión, tal como ellos decían, bajara hasta el pueblo. Porque las decisiones se tomaban en un solo sitio, arriba, ni en Cárdenas ni en ningún otro lugar se decidía cosa alguna.

El 13 de diciembre, domingo en la tarde, jugaba con mis primos, cuando mi abuela interrumpió su siesta, alarmada, pensando que el ruido se debía a que los policías habían entrado a la casa. Ahí me di cuenta de que la vigilancia golpeaba a todos por igual. Decidí hacer algo. Como no me metían preso, habían traído la prisión a mí. Al día siguiente le dije a mi padre que saldría. Me dijo que esperara el almuerzo. Accedí y él se fue a un rincón, en silencio.

De algún modo, ya nadie cercano podía imaginar un argumento convincente para seguir reteniéndome, postergando lo inevitable. Además, en ese momento no tenía miedo. El roce con la Seguridad del Estado también se convertía en un hábito que te entregaba ciertas defensas e incluso una estima exagerada de tus propias fuerzas, lo que en algunos contextos no era necesariamente algo dañino. Le expliqué a mi prima cómo proceder, que prendiera el celular y me siguiera, ya grabando. La familia avanzó atrás suyo.

Vestía pantalón negro, pulóver y tenis blancos, un cubrebocas naranja con flores tejidas que me había regalado mi novia y que decidí usar como prenda de la fortuna. Me acomodé mi gorra de los Piratas de Pittsburgh con la visera hacia atrás. Caminaba por la acera, presto. Si me dejaban continuar, ni siquiera sabía adónde dirigirme. Habría seguido caminando por caminar, por el placer de poder hacerlo hasta el cansancio. Dos tipos se bajaron de una camioneta blanca cerrada con el logo de Cupet, la empresa estatal de petróleo, y me cerraron el paso. Mis manos se mantuvieron detrás de la espalda.

Uno, más grande, ancho, barrigón, con esa barriga que produce el tedio y la mala comida, llevaba una enguatada negra y un gorro negro encajado casi hasta las cejas, para que no lo reconocieran. La enguatada tenía el logo de

Nike y el gorro decía Levi's en la frente, pero ambas piezas eran copias, compradas en algún bazar latinoamericano de poca monta. El otro, muy bajo, esmirriado, casi un pigmeo, cargaba con una cámara Leica, y parecía más bien el fotógrafo de una fiesta de quince. Su pantalón y pulóver gris desgastado, sus mustios zapatos negros, su sobresalto de hombrecillo desprolijo y su actitud de mentecato difícilmente podían inspirar otra cosa que compasión. Esa compasión, pensaría más adelante, ¿abre una ruta hacia el bien o blanquea el mal?

Somos el padre y la madre, ahora frente a la puerta de la casa, una atmósfera agitada, él está qué, bajo qué acusación está, dígame, explíqueme, ese es mi padre, lo único que va a pasar es que mañana yo voy a ir a los tribunales, porque la ilegalidad la están cometiendo ustedes, ustedes no pueden tenerlo en arresto domiciliario, porque no tiene ninguna causa, gesticulaba y apuntaba con el dedo, mi madre, canosa, alta y elegante, vestía una blusa rosada larga y un pantalón de mezclilla, aquí no hay arresto domiciliario, dijo el tipo, contigo se habló, se habló en La Habana y se te dijo que no podías salir de tu casa, esta no es su casa, dijo mi madre, no quería confusión, mi casa era la casa donde ella vivía, por medidas sanitarias, dijo el tipo, usted está hablando con dos médicos, nosotros somos médicos, mi prima enfocó a mi tía que le decía a mi abuela que viniera para acá, estate tranquila, él tiene dos test negativos, dijo mi madre, es que esa no es la causa, dígame la causa, yo trataba de moverme, estaba detrás de mis padres, el tipo me agarró, me moví de nuevo y siguió detrás de mí, mis padres de algún modo intentaban cubrirme con sus cuerpos, era una danza de baja intensidad, las voces de mi madre y mi padre se superponían y ahí empezamos a

201

decirle a mi madre que dejara a mi padre, lo que, visto con distancia, solo habría de disgustarme, yo quiero que me digan, que me convenzan, que tengan un argumento realmente sólido que me convenza de que él tiene que estar aquí, ¿por qué tiene que estar confinado?, búsquenme un argumento, alzando la voz, y yo lo voy a hacer cumplir, y él no sale de aquí, seguro, no sale, dijo mi madre, mi padre se dio en el pecho, mi madre en silencio a su lado, él no está confinado, dijo el tipo, ¿no?, ¿y por qué no lo dejan salir?, ¿por qué usted no me deja salir?, dije yo, ¿por qué no puedo caminar?, quince días trancado con dos test negativos, dijo mi madre, mi prima la llamó, yo decía cosas que no se escuchaban, mi madre hizo un gesto de desdén y siguió mirando al tipo, eso es lo que está establecido, pero qué es lo que está establecido, señor, nosotros somos médicos, yo me recosté en la pared, fingiendo desgano, con él se habló, dijo el tipo, no, con él no se habló, saltó mi padre, con él se habló clarito, yo estaba en La Habana y con él se habló clarito, y lo dejaron viajar, ¿por qué nosotros viajamos hasta aquí?, si no, no hubiéramos viajado, lo dejaron viajar desde La Habana hasta aquí, tienen que entrar para adentro, ¿y por qué?, preguntó mi padre, la voz ahogada, tiene que entrar, ¿por qué?, ¿por qué hay que entrar?, insistió mi madre, porque, si no, va a ponerse violento y me va a llevar preso, respondí yo, aquí nadie va a ir preso, contratacó el tipo, bueno, yo no voy a entrar, armando un alboroto con las manos, señalándome, ustedes van a colaborar y van a entrar, no, yo no voy a colaborar, lo que usted llama «colaborar»... me arreglé el cubrebocas, que se me corría, compañero, dijo mi madre, lo que usted llama «colaborar», dije yo, las manos en la espalda, es que yo haga lo que usted quiere que yo haga, que no salga de mi casa, tengo derecho a salir de mi casa, se escuchaba una gritería detrás, creo que era la vecina Daysi fajada con la vieja lengüilarga, la cuadra expectante, es un derecho civil, dijo mi madre, compañero, qué compañero, dije yo, lo que usted está diciendo es mentira, volvió con el tema de La Habana y yo seguí diciendo que era falso, mi madre y mi padre saltaron como un resorte y dijeron no, en La Habana no le dijeron nada, en La Habana no le dijeron, el tipo invocaba a La Habana como quien invoca a Dios, un poder supremo que él ubicaba lejos, intocable, mi test dio negativo, si yo tuviera que estar en una supuesta cuarentena, una voz falsamente explicativa, no hubiera podido venir de La Habana hasta acá, no hubiera podido salir, entra, me cortó, no voy a entrar, riposté, no-voy-a-entrar, no sé si me está entendiendo, no-voy-a-entrar, entra, no, otro no de mi madre, vas a tener que acompañarme, dijo el tipo, vas a tener que acompañarme, y yo dije que acompañarte no, todo atropellado, apenas se entendía nada, vas a tener que llevarme preso, di, palabras como son, vas a tener que llevarme preso porque yo no voy a entrar, y de inmediato le dije a mi familia que entrara y medio que los barría con las manos, ese gesto en el aire, agrupándolos y metiéndolos para la casa, pero nadie se movía, entren ya, entren, ustedes tienen que entrar, dijo el tipo, me volteé rápido y dije no voy a entrar, yo no voy a entrar a mi casa, mami, no hables más, la regañé, aunque debí dejar que hablara lo que le diera la gana, tenía todo el derecho, yo, aquí, Carlos Manuel Álvarez, treinta años, ciudadano cubano, no va a entrar a su casa, ya, así de sencillo, el tipo me miraba, voy a ejercer mi libertad individual, como ciudadano cubano que soy, y si usted no me lo permite, es porque me va a llevar preso, aquí no hay más, yo no te voy a llevar a ningún calabozo, me interrumpió, entonces yo no voy a entrar a mi casa, y voy a caminar por mi ciudad, por mi pueblo, que nací aquí, por mi barrio, ciudadano decente, qué categoría infame esa, sin ningún

203

delito, moviendo los hombros con desdén, qué le parece, un silencio... no tiene argumento, seguí, tiene que quedarse callado porque no tiene argumento, el tipo dejó de atenderme, ustedes, que son los padres, y yo, más alterado aún, no, no, yo tengo treinta años, olvídese de mis padres, si le quitaban la voz al video, los gestos también podían traducir aquel embrollo, deberían entrar con él y evitar un show, pero nosotros no queremos un show, dijo mi madre, nosotros... el tipo dijo algo que no entendí, y le dije qué, primero este es mi barrio, estos son mis vecinos, ¿quién es usted?, en la otra ocasión se habló con ustedes y se les dijo que no debía salir, ¿por qué no debería salir?, mi padre y yo en conjunto, se les explicó cuál es el porqué, cuál es el porqué, de nuevo los dos, mire, realmente, retomó mi padre solo, le voy a hablar claro, sus gestos casi depositaban las palabras, adornos u objetos valiosos que no debían romperse, el aire mullido y soporífero, mientras que yo las lanzaba, vajilla deshecha contra la pared, realmente aquel día acaté todo lo que me dijeron, siguió mi padre, refiriéndose a un encuentro que tuvimos con la policía política en cuanto llegamos a Cárdenas, íbamos a casa de mi madre y me interceptaron y me devolvieron a la casa de mi abuela, pero no lo acaté porque me estaban convenciendo, sencilla y llanamente lo hice porque yo pensé que iban a tener la cordura, y se tocaba la cabeza, de que eso iba a durar veinticuatro, cuarenta y ocho horas, no iba a durar más, y que todo iba a pasar, ahí subió dos velocidades y dijo, mientras azotaba el reloj de su mano derecha con golpecillos contundentes, no, no, han pasado quince días y nadie da una respuesta, nadie dice nada, es todos los días con un carro parqueado ahí como si mi hijo fuera un delincuente, y eso no es así, eso no fue lo que yo entendí, y yo le dejé bien claro al compañero que habló conmigo, que además, igual que usted, no tenía argumento ninguno... señalé al hombrecillo de la cámara y le dije a mi prima que lo filmara, fílmame a este, sí, él salió también, para respetar eso en ese momento, pero yo le dije a él bien clarito que no había argumentos para eso, no había, mi tía y mi prima dijeron algo del celular, si todavía estaba grabando, y yo también estoy confinado, porque mientras él está confinado, yo estoy confinado con él, mi madre con una mirada severa, las manos delante, porque yo también quiero salir de aquí, y quiero estar al lado de él, y es sencillo, está confinado, no hay otra, no hay otra, se han quedado sin argumentos, eso es lo que más me preocupa, concluyó mi padre, no me toques, dije yo, apartando la mano del tipo, entren, dijo, él no va a entrar, dijo mi padre, más resignado, aquí nadie va a entrar, aquí nadie va a entrar, dijo mi prima, nosotros estamos frente a la casa, dijo mi tía, en la cuadra, nosotros no vamos a entrar, yo discutía con el tipo, pero él conmigo no, usted, ¿quién es usted?, ¿dónde trabaja usted?, ni siquiera lo conozco, lo miré de arriba abajo, usted no tiene una identificación, ¿usted es policía?, no lo conozco, su nombre, ¿quién es usted?, ¿qué derecho tiene usted para confinarme a mí?, me evitó y se dirigió a mi padre, entren, manténganse ahí tranquilitos, así, paternal, la voz del Estado, ¿hasta cuándo?, dijeron mi madre y mi padre, como si fuese una opción, yo no voy a entrar a ninguna parte, le dije a mi padre, espérate, dijo sin mirarme, ¿hasta cuándo?, volvió a preguntar, todos los días tengo parqueada una guagüita ahí, se pica el video, se va picando y se envía, dijo mi prima, no lo dejan salir, hasta dónde llega la locura, esto es una locura, es que ni lo han pensado bien, si lo piensan bien, tiene un costo político muy alto, el tipo dijo no, no, y mi papá sí, sí, tiene un costo político muy alto, el tipo volvió hacia mí y dijo no sé qué, no es así, mano, no es así, le aclaró mi padre, y a partir de mañana va a tener un costo jurídico, porque a partir de mañana voy a los tribunales, miré a un lado, le dije algo a alguien y luego ok, entren ahora, repitió el tipo, la voz de mi abuela por primera vez, diciendo que no, yo no voy a entrar, di unos pasos, el tipo quiso agarrarme, lo aparté, me dijo que me pusiera en un lugar, me desesperé, que ahí de qué, ¿quién eres tú para decirme dónde ponerme?, yo me pongo donde quiera, no gesticules, Carlitos, aconsejó mi madre, amargada, mis manos un vendaval, ciudadano, cubano, libre, mi cuadra, tengo libertad de movimiento, derecho de expresión, derechos individuales reconocidos en la Constitución de este país, ¿quién es usted para decirme dónde tengo que ponerme?, nadie, digo, usted no es nadie, no tiene argumentos ni... ¿no vas a entrar?, no, no, bien, entren ustedes, dijo el tipo, ¿que entremos?, preguntó mi prima, retórica, ¿y por qué nosotros?, devolvió mi madre, como diciendo qué habla el imbécil este, y me volví a sentir acompañado porque mi madre estaba hablando un lenguaje que yo reconocía, usted no nos ha dado un motivo para entrar, añadió, yo no puedo imponerle a mi hijo lo que tiene que hacer, dijo mi padre, correcto, dijo el tipo, ustedes quieren cooperar, ustedes quieren... no, no, yo sí quiero cooperar, dijo mi padre, y mi madre lo secundó, estamos cooperando desde el primer día, entren, pero es que hasta cuándo, compañero, le estamos diciendo que tiene dos test negativos, nosotros somos médicos, mami, esos argumentos no funcionan, ha pasado tres cuarentenas, tres cuarentenas por falta de una, esa es la excusa, dije, ya, ya no te desgastes más, este tipo no piensa, él no está oyendo, él no está oyendo, él está para ejecutar, nosotros somos médicos, nos sabemos perfectamente los protocolos de higiene y epidemiología, protocolos que son internacionales, tiene dos test negativos y lleva quince días en esta casa, yo escuchaba apoyado en la ventana, él es una cosa impersonal, se le dieron unas órdenes, ni está pensando, ni está procesando nada, le dijeron que era así y es así, el tipo me miraba atento, él no tiene ni palabra ni argumentos ni nada, dije encarretillado, porque así son estos sujetos, entren, ya, nosotros no vamos a entrar, pues no entren, aquí nos vamos a quedar, caminé un poco, el tipo me sujetó y me devolvió a la acera, no gesticules, no gesticules, me decía mi prima, el hombrecillo de la cámara Leica en silencio, no me toques, no me toques, entra para tu casa, ordenó, esta no es su casa, dijo mi madre, es la casa de su abuela, amigo, eso es lo que hay, dije, no, amigo, eso es lo que hay no, si tú no entras... perfecto, hizo una seña y llamó a la camioneta, fílmalo todo, le dijo mi tía a mi prima, hasta cómo lo van a entrar allá adentro, todo, claro, dijo mi prima, la fosa desbordada en la calle, el sonido carrasposo, constipado, del motor remolón de la camioneta, ¿para dónde lo llevan?, nosotros tenemos que saber para dónde lo llevan, ¿para dónde lo llevan?, los que no cooperan son ustedes, dijo mi madre, llevo más de quince días cooperando, dijo mi padre, abatido, quince días cooperando ya, dijo mi madre, silencio... tenemos que saber para dónde lo llevan, sí, dijo mi tía, tenemos que saber, ¿cómo no lo vamos a saber?, el tipo abrió la puerta trasera de la camioneta y yo subí, su papá va con él, su papá va a ir con él, mano, dijo mi padre, no me vas a decir para dónde va, ¿verdad?, va a venir un compañero y te va a decir, la hora, la hora, dijeron, mi padre daba vueltas, impotente, creo que sentíamos cosas muy distintas, la voz de mi madre, la camioneta se alejó, se detuvo en la esquina, mira, dijo mi prima, volvió a arrancar.

Mi padre empezó a buscarme por distintos lugares del pueblo –la policía, los bomberos, algún sitio más–, pero

207

no me encontró. La prensa internacional reportó rápidamente la detención. Gracias a la presión que yo suponía, el tiempo estaba a mi favor. Me llevaron a una oficina de tránsito mal iluminada. Sentado en una silla escolar, la cabeza apoyada en la pared. Retratos de héroes de la revolución y el castrismo, un buró y un estante de gavetas quién sabe con qué legajos municipales archivados. La luz de la tarde, encharcada; un caldo de sombras agridulces en aquella habitación decrépita. Algunos carros y ómnibus pasaban por la calle, indiferentes. Afuera Cárdenas fallecía con su acostumbrada normalidad.

Decidí no hablar y lo logré. Me mantuve callado durante cuatro horas y no me aburrí, porque tenía la cabeza poblada de hipótesis. El hombrecillo enjuto filmaba mi mutismo, hasta que le ordenaron apagar la cámara, lo que resultó el principio del fin para él. Mi paciencia se sustentaba en un motivo de peso, resistir, pero la suya no, simplemente quería largarse de allí de una vez. Me pidió que hablara, que dijera algo, lo que fuese. Su apuro, además, aumentaba cada vez que recibía una llamada al celular. Al principio no entendí de qué se trataba, pero luego me percaté de que su esposa le exigía que llegase ya a la casa. «Ahora no puedo», decía. Luego se volteaba hacia mí. «Muchacho, acaba de hablar, qué te cuesta.» «Todavía no he terminado aquí, voy en un rato.» «Va a ser mejor para ti si hablas y reconoces todo.» «No, todavía, no quiere decir nada.» «Tú eres un poco engreído, no quieres hablar con nosotros porque crees que no somos de tu nivel, ¿no?» «Guárdala, no importa que se enfríe, yo la caliento cuando llegue.» Tenía la comida servida en casa, la familia seguramente sentada a la mesa, esperando.

Por momentos me quedaba solo en la oficina. Fui un par de veces al baño. Quien me interrogaba, no el camarógrafo, entraba y salía constantemente. Recibía órdenes de

La Habana, entonces volvía con una estrategia nueva. Me preguntó si mi familia sabía que yo tenía vínculos con terroristas de Miami. Estuve a punto de escupir una carcajada. También mencionó a mi abuelo muerto, qué pensaría de mí, una enfermedad de mi madre, los estudios gratuitos recibidos en el preuniversitario de la provincia. Luego me trajeron a un muchacho que también había cursado allí, agente de nueva promoción. Intentó establecer algún vínculo afectivo conmigo a partir de aquella experiencia conjunta. Sentí lástima por él y también llegó a enojarme. Fue esa la primera vez que tuve ganas de caerme a trompadas con alguno de aquellos tipos, unas ganas que a partir de ahí solo fueron en aumento.

No respondí ninguna pregunta, no cedí ante ningún chantaje emocional ni tampoco ante ningún trato lisonjero o amenaza ridícula, y solo abrí la boca cuando me dijeron que iban a retirar la vigilancia policial de la cuadra. Eran sujetos medio tarados, embotados por la corrupción moral, la desgastante simulación y la pobreza permanente. Cuando me dejaron en la puerta de la casa, sobre las diez de la noche, sentí que por lo pronto había vencido tanto en el ruido como en el silencio, un tenista emergente de rendimiento estelar en cualquier superficie, en pista dura, en yerba y en tierra batida, y creí –ingenuo, petulante, ¡qué terrible ingenuidad y qué graciosa petulancia!– que a los policías por venir iba a zampármelos siempre así, de un bocado.

VIDA BREVE (XIII)

Iliana Hernández Cardosa
3 de julio de 1973
47 años

Nace en el Hospital de Maternidad de la calle Aguado, provincia Guantánamo, en el extremo oriente de Cuba. Vive con sus padres hasta la adolescencia, en el piso superior de una casa que también acoge a sus abuelos y tíos. Su madre, Maricelys Cardosa, ocupa un puesto de economista en la Empresa Provincial de Servicios Técnicos. Su padre, Elio Arnold Hernández, hace prótesis dentales por cuenta propia, nunca trabaja para el Estado. Tiene un taller y un laboratorio en la casa, y un carácter recto y complicado, algo que por alguna razón Iliana asocia con sus orígenes de Baracoa, la primera villa fundada en la isla por el dominio español. Si pelea con su esposa, Elio toma distancia con los hijos, apenas los mira. Iliana solo puede presentarle un novio en toda su vida. El abuelo materno labora en una empresa que reparte comida. Gracias a él, nadie pasa hambre en casa. «Nosotros teníamos mucha comida en comparación con los vecinos», dice Iliana. «Por las noches mi abuelo llevaba pan de flauta bien calentito, ese pan largo, y tomates también siempre había. Él dejaba un saco de tomates y ese saco se repartía entre todos.»

Desde la primaria, Iliana destaca por su capacidad y afán de liderazgo. Los alumnos la seleccionan como jefa de escuela en quinto y sexto grado. «Ya en la secundaria me empiezo a dar cuenta de la estafa socialista y me fui apartando de todo eso», dice. «Me acuerdo que al lado mío se sentaba un muchacho testigo de Jehová muy discriminado. Me gustaría volver a encontrármelo porque no recuerdo ni el nombre.» Con su amiga Surei, hija de un cortador de caña y vecina suya, Iliana va becada al preuniversitario en el campo. Se fuga todos los días, no hace Educación Física y la profesora amenaza con suspenderla. Un domingo, al volver de casa, se entera de que unos delincuentes entraron a la escuela el fin de semana y violaron a varias alumnas. Asustada, Iliana se cambia para un centro de deportes. Ha practicado ciclismo, pero solo hay plazas de ajedrez. No le queda más remedio que aceptar. Juega bastante y participa en varios torneos, aunque ahora solo recuerde el movimiento de las piezas. Termina décimo grado e inmediatamente, con la ayuda y el apoyo de su madre, se marcha para la casa de unos familiares en Cojímar, pueblo de pescadores al este de La Habana. El bachillerato continúa en un pre en el Cerro, frente al parque de La Normal.

Poco antes de cumplir dieciocho, ve en la televisión un anuncio que busca bailarinas para el legendario cabaret Tropicana. «A mí me gustaba el mundo de los bailes y todas esas cosas, porque yo descubrí que los que salían del país eran los bailarines o los deportistas, no los universitarios», dice. «Me presenté junto a ciento y pico de mujeres al casting y fui seleccionada entre las doce finalistas. Estuve un tiempo en la escuela de Tropicana, creo que seis meses. Luego lo tuve que dejar. Nos querían poner a bailar en el Arcoíris de Regla a las dos de la mañana, imagínate.» Pero la experiencia le sirve para algo. Regresa a Guantánamo y empieza a trabajar como bailarina en un lugar de ocio recién abierto llamado La Casa Central. Ahí el director del canal provincial Sol Visión la contrata como modelo de la televisión, hasta que un primo la llama un día desde Cojímar, estamos en el verano de 1994, en pleno éxodo migratorio, y le dice que ha preparado una balsa. «Dejé todo, baile, televisión y me subí a una rastra con una prima mía y me mandé para La Habana de nuevo.»

El motor se rompe ocho millas mar adentro y regresan a la costa. Una parte de la tripulación tiene que quedarse para aligerar la carga. Bajan a la gente más joven, niños y mujeres, entre ellos Iliana, triste y desamparada. Una amiga, novia de un español canario, la recoge, se la lleva para la playa y le regala una trusa. «Brasileña, de última generación.» Ahí se encuentra con unos muchachos, suerte de artesanos-artistas, que pelan los cocos como si fuesen una copa. En un minuto desmochan la cáscara y solo dejan la masa blanca. Iliana, con su determinación acostumbrada, se ofrece para vendérselos y los muchachos aceptan. «Los vendí en media hora, me dieron cinco dólares por cada uno. Ya en esa época el dólar estaba despenalizado», dice. Se queda en la playa de lunes a lunes, desde las seis de la mañana hasta las diez de la noche zapateando la arena.

Además de la venta de cocos, traba relación con las jineteras. Les dice cuál extranjero tiene más dinero para que vayan al seguro, y las cuela por cinco dólares en la discoteca Ashé, cuya entrada en realidad cuesta diez, pero el gerente del lugar se ha hecho amigo suyo. A veces, los sábados, Iliana también se queda un rato en la disco, una o dos horas. Toma algún helado o jugo, no bebe alcohol. Le gusta su trabajo, «el oficio de coquera», como le llaman. En el invierno, diciembre y enero, el negocio se detiene e Iliana vuelve a Oriente para ver a su familia. En la Navidad de 1995, unas amistades le proponen llegar a la Base Naval de la Guantánamo por siete mil pesos, un dinero con el que te comprabas una casa en ese momento.

El 14 de febrero de 1996, un grupo de diecisiete migrantes sale desde Ulloa. La parte minada queda hacia Caimanera y Boquerón. Aquí todo es desértico. Iliana se encuentra hasta venados muertos en la ruta, víctimas de los guardafronteras cubanos. Camina un día entero, duerme en la noche, luego camina otro día y después se lanza al mar, sostenida por unos salvavidas de poliespuma. A la base solo llegan ocho, Iliana no. «Pasamos la noche en el agua, a mí me cogió una ola y me tiró contra la roca, contra el diente de perro», recuerda. «Yo iba con un amiguito, estábamos amarrados y el cogió miedo. Seguimos un poco más a nado, el agua riquísima, caliente en pleno febrero, que es invierno. No importaba lo que nadáramos. Si descansábamos, el mar nos volvía a tirar para atrás. Mi amiguito no quiso esperar hasta la noche siguiente y regresamos descalzos, pasando las de Caín. No teníamos agua ni comida, tampoco conocíamos el camino. Baja montaña y sube montaña. Así estuvimos dos días, hasta que llegamos a la carretera, paramos un tractor y el cabrón del guajiro nos entregó al punto de control de la policía. Por esa zona la gente es muy chivata, y nosotros estábamos deshidratados, no teníamos pinta de venir de un paseo.»

En el punto de control los montan en una patrulla y los llevan para el Departamento Técnico de Investigación (DTI) del municipio El Salvador. Permanece presa treinta y siete días, luego la sueltan bajo fianza hasta la fecha del juicio. «Tuve la gran suerte de que el régimen había hecho un acuerdo con Estados Unidos. Hasta ese momento, los que intentaban una salida ilegal recibían una condena de tres años de prisión, pero después de ese acuerdo ya no podían meter preso a nadie, entonces creo que me echaron tres años de prisión domiciliaria, yendo de la casa al trabajo, y yo no trabajaba.» Unas pocas semanas después su madre logra comprar una casa en Cojímar y ambas se van definitivo para La Habana. Iliana no cuenta lo que le ha pasado en Oriente y retoma su puesto en la playa como si nada hubiese sucedido. Conoce unas amistades turistas, se casa con un español llamado Emilio y el 13 de agosto de 1996 sale finalmente de Cuba. «Cumpleaños de Fidel Castro y yo escapando.»

Llega a Soria, municipio al este de Castilla y León, y cuando obtiene su residencia legal se muda a Madrid. Unas amigas la invitan a una discoteca de salsa, y en un momento se encuentran con el bailarín, molestísimo porque su pareja no ha venido. «Yo soy bailarina», le dice Iliana. «¿Tú eres bailarina? No me digas. Me vas a salvar la noche.» Se mete en el camerino, se pone la ropa, hace el show y gana diez mil pesetas. Alquila una habitación con sus amigas, que se pasan la vida en casting y sesiones fotográficas, y también empieza a bailar en un gogó. «Un gogó en España no es lo mismo que en Estados Unidos», aclara, «no te tienes que acostar con los tipos ni nada, tú bailas en los podios.» Consigue un puesto en una disco en Coslada. «Yo en Cuba había pasado una escuela de circo en Marianao, y eso de repente me sirve porque me subo en el tubo hasta lo último y bajo con la misma y hago mil cosas. Me convierto en la reina de la noche.» Iliana trabaja doble turno viernes y sábado. Primero la matinée, de seis de la tarde a once de la noche, luego descansa dos horas, y después vuelve de dos a seis de la mañana. En paralelo, baila igualmente en escuelas de danza y teatros. En televisión hace el doble de la actriz Ana Obregón en una serie llamada *Ana y los 7*.

Primero tiene una pareja por cuatro años, luego otra por dos y medio, luego sigue sola un tiempo, hasta que conoce a Pedro, un promotor inmobiliario de Valladolid, millonario que pasa la mayor parte del año en el Meliá Habana, en Cuba. La relación dura cinco años, desde 2007 hasta 2012, justo el lapso en el que algunas figuras de la disidencia política nacional empiezan a ganar presencia en los grandes medios de prensa extranjeros, con Yoani Sánchez a la cabeza. Iliana ayuda económicamente a varios opositores. Es, por el momento, su manera de participar, hasta que Eliécer Ávila funda la organización Somos + en 2013.

Se trata de un joven, graduado de la Universidad de Ciencias Informáticas (UCI), que debe su popularidad al hecho de haber retado en una discusión pública entre estudiantes y funcionarios a Ricardo Alarcón, presidente del Parlamento en ese entonces. Después de una campaña de satanización que lo termina acorralando, Eliécer aprovecha el capital adquirido para convertirse en una de las figuras disidentes más celebradas y seguidas del momento. Como parte del núcleo principal de Somos +, Iliana actualiza el blog de la organización y maneja las redes sociales.

En 2015, después de una fortísima preparación física, Iliana participa nada menos que en el Maratón des Sables. Seis días y doscientos cuarenta kilómetros de desierto marroquí. Cada participante debe llevar su propio alimento. Termina el trayecto desbordada de alegría, y justo esa perseverancia, ese punto de desenfado permanente, la prepara para el maratón político en el que va a convertirse su vida a partir de ahí, cuando decide regresar a su país de una vez. «Yo les digo a los represores que después de que tú cruzas el desierto, lo que ellos me hacen es bobería. Después de cruzar el desierto una se come el mundo.» En varias entrevistas, concluida la maratón, Iliana declara que emprendió semejante prueba motivada por Cuba y su situación política.

Más adelante, debido a varias diferencias estratégicas, rompe con Eliécer Ávila y sigue la ruta por su cuenta. Funda un programa de televisión, *Lente cubano*, que se distribuye en el Paquete Semanal, una colección de material digital, como una suerte de internet *off line*, que cada semana los cubanos comparten entre sí de mano en mano, a través de algún *pen drive* o memoria flash. A pesar del contenido subversivo de su proyecto, donde se habla de política, religión, moda, y muchos ciudadanos denuncian las pésimas condiciones materiales en las que viven, a Iliana la Seguridad del Estado no la detiene hasta que no establece contacto directo con otros opositores e iniciativas cívicas. Justo ahí, luego de trece capítulos, le decomisan todos sus equipos.

En 2018 la policía política la regula, es decir, que no puede viajar fuera del país. Ya no hay vuelta atrás. Comienza al mismo tiempo una sección noticiosa en el periódico *Cibercuba*, la página web de tema cubano con más réplicas y alcance en internet. Hace transmisiones en directo cargadas de desparpajo. Se mete en edificios en peligro de derrumbe, le planta el teléfono en la cara a cualquier policía, se burla y ridiculiza a los agentes que se encargan de vigilarla. Realmente practica la disidencia como si fuera un juego, pero hay mucha seriedad detrás de su método. Le organizan mítines de repudio fuera de su casa, y las fotos y los videos solo captan a una mujer que parece tomárselo a la ligera, rebajándole dramatismo a la represión. No le gusta perder, ni verse como víctima.

«El día que salimos a leer poesía, poco antes del acuartelamiento, el represor que me montó en la patrulla temblaba. Yo lo conozco, es un maltratador de mujeres. No me ha reprimido solo a mí, sino a muchas otras, a Katherine Bisquet también, pero ahí temblaba. Lo miro así, con mi libro de poemas en la mano, y él me arrebata el libro como si yo fuera una niña pequeña. "La que tiene que estar temblando soy yo", le digo. "Parece que eres tú el que tiene miedo." Entonces en la estación me agarra el teléfono y lo quiere meter en agua para jodérmelo. Enseguida me di cuenta. Lo tuvo que sacar del baño.» La noche que los agentes del orden rompen la puerta de Damas 955 para acabar con el acuartelamiento, Iliana sostiene todavía la huelga de hambre, junto a Luis Manuel y Maykel. Su molestia viene, sobre todo, porque no le han permitido seguir en ayunas. Los otros dos lucen agotados y débiles, Iliana no. Su cuerpo y su cabeza ya han cruzado antes el desierto.

INTERROGATORIO Y SECUESTRO

El sábado siguiente, 19 de diciembre, jugué baloncesto en la cancha de la calle Vives, a una cuadra de la casa, como si no hubiese salido nunca del barrio. Un sitio despejado, con el cielo azul al fondo y el asfalto caliente por la caída a plomo del sol justiciero. A un lado, unas gradas de cemento pintadas en los bordes de un color terroso. Al otro, una casa de madera: tablones marchitos y un techo de zinc a dos aguas. Levantada, la casa, sobre las otras gradas, que como norma estaban vacías, pero ejemplarmente dispuestas, construidas de modo gentil para una afición inexistente, una afición de la que jamás tuvimos noticias, que no fue nunca a presenciar los fervorosos partidos callejeros de los basquetbolistas de Cárdenas, llenos de supercherías y risotadas febriles.

Cuando terminé, me di cuenta de que había perdido el carnet de identidad. Me aterré. Si no aparecía, podía convertirse en una excusa para que me siguieran fastidiando. Decidí ir a la policía y reportar la pérdida. Mientras esperaba en la ventanilla de atención, los oficiales y trabajadores del local se agolparon detrás de las puertas y salieron a la sala principal para observarme de cerca. Me fui preocupado. Apenas en un rato pensaba viajar a La Habana con mi padre, no quería hacerlo sin documentos. Afortunadamente, el carnet estaba en un bolsillo de mi mochila. Aquello no era una buena señal. Podía leerse como un signo de ansiedad o aturdimiento.

En la noche, ya de vuelta en la gran ciudad, salí con amigos y desconocidos, algunos del Movimiento San Isidro, otros que habían participado en la manifestación y las conversaciones del 27 de noviembre con funcionarios del Ministerio de Cultura y gente que no pertenecía ni a una cosa ni a otra. Fuimos temprano a Casa Vieja, un bar en Tejadillo y Habana, en el corazón del casco histórico. Había una función de teatro experimental, pero no dejaron entrar a Luis Manuel Otero. La administración no quería buscarse problemas, una posición que no tenía nada que ver con lo que nos sucedería en la calle las semanas siguientes, donde mucha gente, entre temerosa y temeraria, se acercó para dedicarnos palabras de aliento. Desde luego, nos fuimos todos de aquel lugar.

El acto de discriminación, infinitamente más primitivo que en cualquier establecimiento capitalista, había que leerlo dentro de esa corriente de nuevo tipo en cierto sector de la recién permitida gestión privada en Cuba, un grupo cínico, metódicamente irónico, ligero y frívolo, que vendía la falta de compromiso como algo atractivo, traducían la ideología como baratija y el relato público adquiría siempre en ellos la forma de la mercancía, lo que demostraba cómo se establecían en la isla los pactos políticos cifrados entre distintas lógicas económicas que ayudaban a sostener el estado de cosas existente. «Una forma generalizada de publicidad negativa deslibidiniza todo lo que sea público, tradicional, piadoso, caritativo, autorizado, prestigioso o serio, en pos de una seducción suave del mercado», decía Mark Fisher, algo que los retrataba por completo.

220

Que esas formas de traducción privada del campo público pudieran manifestarse dentro de un aparato autoritario demostraba, por contraste, la raíz excluyente que yacía en la sublimación del emprendimiento como posibilidad óptima para el individuo. Una palabra esa, *emprendimiento*, a la que le metieron de contrabando todo lo que había en otras palabras igualmente envenenadas, hasta que reventaron.

Los polvos del deshielo con Washington, del breve romance entre Barack Obama y Raúl Castro, trajeron semejantes lodos: la corporativización acelerada del Estado, la transformación de la aldea precaria en parque temático, ideológicamente exótico, y proyectos privados que se dedicaban a lavar la cara del gobierno. Pero, de la misma manera, se amplió de modo determinante el acceso a internet, gente insatisfecha se articuló alrededor de ideas y propósitos inevitablemente subversivos, la diáspora volvió más que nunca a la isla, aparecieron espacios de arte colaterales y se fundaron varios medios de prensa y revistas independientes. A su vez, cuando la política cultural del castrismo intentó adaptarse a la nueva realidad económica a través del Decreto 349, el documento que actualizaba los mecanismos legales de censura, la disidencia cubana recibió una inyección de rostros nuevos, figuras jóvenes que no aceptaron otra imposición más y paulatinamente fueron ganando un protagonismo vital.

Justo ese impulso fue el que nos llevó esa noche a vivir, después de irnos de Casa Vieja, una explosión de lujuria, un estallido eufórico colectivo que sobrepasó cualquier estructura opresiva, atávica o presente, cualquier nudo o represión, cualquier limitación fatua. Fuimos a otros bares de La Habana Vieja y terminamos en uno llamado Melodrama, ubicado en Obrapía 511, muy cerca del Capitolio. La gente bebió barriles de alcohol. Se quitaban las blusas y las camisas y se besaban unos a otros indistintamente. Las escaleras se convirtieron en un mejunje de cuerpos dementes, pieles brillosas, declaraciones encendidas de deseo y posesión efímera. En el círculo último del encierro, la libertad se practicaba como una cuestión límite. Se trataba de jóvenes marcados, que ya no tenían nada que perder y creían saber, repletos de soberbia e inocencia también, cuánto valía haber llegado ahí, a ese punto terminal que pensaban agotar antes de cualquier desastre o dispersión posible. Y no íbamos, por supuesto, a salir ilesos de aquella noche en la que firmamos una declaración más atrevida y contundente que cualquier tratado político convencional.

El lunes en la tarde, de pronto, la Seguridad del Estado me citó por teléfono para la estación policial de las calles 7ma y 62, municipio Playa. Estaba tan seguro de que no había hecho nada, es decir, de que no había hecho nada incluso dentro de los términos de la Seguridad del Estado, que cometí un error garrafal. Fui por mi cuenta, sin citación oficial mediante. Pensé que se trataba de un trámite.

Me preguntaron por un mexicano, o un gringo, o un gringo mexicano presente en la noche del sábado. El hombre habló conmigo dos segundos. Dijo que era artista. Me pidió una foto y creo que accedí, aunque yo estaba medio borracho y ni siquiera recordaba demasiado. El tipo quería conversar, pero yo no soportaba que la gente me viniera a hablar de Cuba, porque es como si llevaran al mecánico su juguete recién comprado para que les explicasen cómo funcionaba. Si lo compraste, échalo a andar por tu cuenta, eso no tiene garantía, pensaba. Zafé rápido y seguí en lo mío. Nunca más lo vi.

Sin embargo, como yo pasaba buena parte de mi vida en México, y como un extranjero era siempre para la poli-

222

cía política un agente desestabilizador, un enviado del mal, algo tan exótico y aterrador como un extraterrestre, me vincularon al parecer con aquel sujeto y aquel delito. Dijeron que el hombre le había entregado un celular al artista Luis Manuel Otero y que venía con planes que yo desconocía. Cabía la posibilidad de que la Seguridad del Estado imaginara México del tamaño de Pinar del Río, un lugar donde el mexicano gringo se cruzaba conmigo cada día en el único supermercado disponible del pueblo. Me hicieron preguntas obvias que sabía que ellos sabían. Ahí no debía callar o mentir, porque luego, cuando me lanzaban preguntas cuyas respuestas verdaderamente desconocía, como, digamos, qué hacía aquel mexicano gringo en La Habana, iban a pensar que igual estaba callando o mintiendo a conciencia. Nada de eso tampoco surtió efecto. A partir de cierto punto decidí volver al silencio. Dije que no respondía más y no lo hice.

Yo había leído en Cárdenas, como profilaxis, *Una taza de café con mi interrogador*, texto en el que el disidente y escritor checo Ludvík Vaculík contaba cuán incómodo y engorroso se volvía lidiar con el trato afable del opresor, una suerte de violencia filtrada a través de bondades aparentemente insignificantes. Se trataba de un entrañable manual de consejos que buscaba perseverar como memoria histórica. «A menos que hayas pasado por esto, no creerías cuán difícil es evitar responder preguntas amables. No solo va contra el instinto natural no responder, por la buena educación de uno, sino que también es difícil mantenerse firme porque es duro para los oídos. Para un novato es casi imposible», decía.

Aun así, mi experiencia última me llevaba a creer que el silencio era la vía, pero Vaculík alertaba sobre este asunto: «Lo peor de todo es que no es bueno [no responder] para las relaciones entre las partes involucradas, porque la grieta que se crea a menudo es insuperable». Quizá se enfurecieron, quizá ya tenían pensado el desenlace de antemano. ¿Cómo saberlo? Me subieron a un carro y avanzamos hacia el este. Yo en la parte de atrás, un tipo a cada lado. Mientras esto sucedía, Saucedo, el oficial al frente de mi caso, llamó a mi padre y le dijo que, si yo volvía a pisar La Habana, podían caerme hasta veinte años de cárcel bajo los cargos de mercenarismo. Ambos fueron a casa de mi amiga Mónica Baró, recogieron unas pocas pertenencias mías y las echaron en una mochila. Mónica creyó que me llevaban a la cárcel y metió toallas, aseo y alguna muda de ropa.

El carro pasó el Túnel de La Habana y yo dije: «No, me llevan hasta Alamar, quieren asustarme». Pasó Alamar y dije: «No, me llevan hasta Guanabo, quieren asustarme». Ahí nos detuvimos y fue cuando debieran darle mi mochila a quienes me trasladaban. Uno de ellos era el tipo ancho y fuerte que hacía las veces de segundo en mi primer interrogatorio en el aeropuerto de La Habana. Al otro no lo conocía. Tan flaco como yo, un poco más alto, igual muy joven. Pasó Guanabo y dije: «No, me llevan hasta Canasí, quieren asustarme». Tenía tanta rabia, quería llorar. Los ojos humedecidos de la impotencia. Me sentía humillado, reducido.

Cruzamos Canasí, el puente de Bacunayagua, Matanzas, y después de pasar Varadero, a unos pocos kilómetros de Cárdenas, el carro se detuvo. Me parecía inconcebible. Me hicieron bajar y me llevaron al maletero. Me enseñaron un papel para que firmara que aquellas eran mis pertenencias y que nada se había perdido. De nuevo, ¿cómo saberlo? Ahí me di cuenta de casi todo lo que habían tramado. ¿Para qué se tomaban aquellos trabajos, aquella formalidad, si no la necesitaban? ¿Firmar un papel? ¿Para los ojos de quién? Era tan estúpida la situación, tan sofisticadamente estúpida.

Dije que nada era mío y que no iba a firmar. «De acuerdo», me contestaron, «sube al carro.» En efecto, daba igual lo que dijera. Entonces me fugué. Atravesé la carretera, brinqué una cerca y me metí dentro de un monte, rumbo a la costa. No duré mucho. Los policías me alcanzaron entre la maleza, todos agitados, el susto repartido. El muchacho nuevo me agarró por el pantalón y el calzoncillo, tal como uno agarra a un bebé por el pañal embarrado. Le di un codazo fuerte y el otro oficial le dijo que no hiciera eso.

Debí fajarme con aquel policía flaco. ¿Por qué no lo golpeé e hice que me golpearan de vuelta? Lo necesitaba. El marabú me provocó varias heridas, arañazos, sangre seca. «Así que periodista y corriendo», me dijo el oficial conocido, como si ambas cosas se opusieran. Me habría reído al instante si no estuviese tan destruido y cansado. Caminaba por un borde, derrotado, devuelto al punto cero.

Me entregaron a mi familia, como si yo fuera un niño indisciplinado que se había portado mal en la escuela y que merecía un coscorrón. En casa de mi abuela querían que me quedara en Cárdenas al menos esa noche, pero, si les hacía caso, no me iba a mover más, tenía que usar la bronca antes de que se apagara para volver a La Habana como fuese. Dije que, si me interceptaban, haría el trayecto a pie, y le pedí a la gente que se uniera. Rozaba el martirologio, pero no me percataba.

Mi madre me acompañó, alquilamos un taxi. Agradecí tanto que viajara conmigo. Recuerdo que me apretaba la mano en cada punto de control que pasábamos, aunque ya desde el primero, en las afueras de Varadero, nos habían reconocido y, siguiendo órdenes superiores, nos dejaron seguir.

Al día siguiente volvieron a llevarme a otro interrogatorio con Saucedo, que no aparecía desde la primera citación, pero siempre manejaba los hilos. Fue en 3ra y 8, en un casón del barrio de Miramar, rodeado de embajadas. Dejamos los celulares fuera de la habitación. También fueron mis padres, y hablé básicamente para que ellos escucharan. Pretendían sacarme de Cuba ya, pero yo no pensaba marcharme aún. La Seguridad del Estado estaba dispuesta incluso a pagarme el pasaje. Había tanta gente que sufría el efecto contrario. Los trancaban y les prohibían la salida de la isla como castigo. Saucedo me recordó el cuento del náufrago que le pide a Dios que lo salve y luego deja ir tres embarcaciones, ahogándose al final. «Después no digas que no te mandamos ningún barco», me advirtió.

Hablamos sin llegar a ningún acuerdo, entonces él quiso escuchar lo que mis padres tenían que decir. Cada uno pidió, palabras más palabras menos, que no me sucediera nada, y la conversación se fue diluyendo hasta que me quedé trabado en el baño y Saucedo me abrió la puerta con afecto cómplice. Era un hombre inteligente, que se regía por métodos bien aprendidos donde yo solo tenía un margen escaso de improvisación. No me gustaba en lo absoluto la cercanía que aquel sujeto ensayaba. Cuando salimos de la casona, un subordinado lo llamó por su nombre, que no era Saucedo, sino Augusto, y Saucedo palideció. No dije nada, solo atesoré aquel dato como si se tratase de una moneda de oro.

Comprendí que, a pesar de que ciertos viejos lobos disidentes sugerían no hablar, tal cosa no iba a suceder nunca completamente. No había ruta ni principio único ante un mecanismo represivo que parecía menos cambiante de lo que en realidad era. La policía política también controlaba y resituaba los silencios en su campo de representaciones. Desde subtenientes preverbales hasta generales enérgicos, desde casas en el barrio lujoso de Siboney hasta oficinas malolientes en Alamar, desde chequeos de rutina hasta detenciones sorpresivas, el arco dramático de los interrogatorios nos obligaba a leer el contexto impuesto al tipo de acusado que ese día éramos.

El debate cobró más fuerza por esas fechas, luego de que la televisión nacional comenzara a publicar materiales descalificadores de periodistas independientes, en los que usaban imágenes abiertamente manipuladas, filmadas sin autorización. Desconocíamos cuál era el curso de las charlas, y también las preguntas que antecedían a las respuestas editadas de los colegas, pero sus expresiones corporales delataban la arbitrariedad, la presión y el miedo al que en ese momento se veían sometidos.

Se me ocurrió, para dificultar los cortes de las palabras, introducir en mis futuros parlamentos una suerte de coletilla molesta, repetida maquinalmente. «Mi nombre es... Abajo la dictadura... Carlos Manuel Álvarez... Abajo la dictadura... y nací en Matanzas... Abajo la dictadura... en el seno de una familia... Abajo la dictadura... humilde.» Pensé, desde luego, qué habría en mis videos. Acumulaba ya varias horas de interrogatorio, ¿quién sabe cómo podrían usarlas? Recordé haber tenido, en el primero, la conciencia fulminante de que me estaban filmando. Por supuesto que siempre me estaban filmando, pero era como si en ese segundo me estuvieran filmando más que nunca.

Uno de los interrogadores, uno bastante torpe, me preguntó si yo de verdad creía que Iliana Hernández era periodista. Buscaba complicidad, que yo dijera: «No, claro, qué periodista va a ser, periodista soy yo», o algo así. No contesté esa vez y tuve la extraña epifanía. Mi cara de

227

interrogado en televisión, diciendo cosas que no dije, tal como luego, en efecto, les sucedió a colegas cercanos. Había también, en los audiovisuales propagandísticos, música tenebrosa y águilas imperiales sobrevolando nuestras imágenes de reporteros mercenarios.

VIDA BREVE (XIV)

Abu Duyanah Tamayo
19 de agosto de 1984
36 años

Nace en Manzanillo, provincia Granma. Su madre, Bárbara Formen, lo nombra Niovel Alexander. A los tres o cuatro meses se van juntos para La Habana, la relación con el padre se ha vuelto insostenible. Viven en la calle 194 del reparto Siboney, una de las zonas más codiciadas y exclusivas de la ciudad, en casa de su abuelo materno, Miguel Puebla, que en realidad es el padrastro de Bárbara. «Tuvo un alto grado militar. No sé bien cuál es porque no me gusta mencionar eso, no me gusta que sea comunista», dice Abu, quien no habla de política con su abuelo. En cambio, las escasas veces que el tema sale a flote en alguna conversación familiar, el abuelo lo defiende. «Se pone de parte mía y trata de apaciguar la cosa con los demás. Aquí eso es una carga, nadie quiere tener problemas con el régimen.»

La primaria transcurre en la Escuela Conrado Benítez, un joven asesinado por fuerzas contrarrevolucionarias durante la Campaña de Alfabetización de 1961. En quinto grado pasa a un centro especial que inauguran en el muni-

cipio Playa para los alumnos de la zona con mejores califi-
caciones académicas. Un experimento con cursos intensi-
vos que Niovel soporta hasta séptimo grado, cuando lo
cambian a una secundaria común y corriente en el reparto
Flores, donde tampoco dura mucho. «Ya yo era indisciplinado, me molestaba el adoctrinamiento, la pérdida de tiempo, tareas absurdas», dice. Termina la secundaria entre una
escuela de deporte en la ciudad, en la que practica beisbol
y ciclismo, y otra en Güines, un pueblo relativamente cerca de La Habana.

El preuniversitario comienza en una beca en Alquízar,
también en el campo, y continúa en la Facultad Obrero
Campesina. Aprende a tocar guitarra por su cuenta, la familia le paga un profesor particular, y unos amigos suyos
arman un grupo de rock. Ahí incursiona en la batería. La
literatura igual le interesa mucho. Asiste a unos talleres que
imparte en el barrio un escritor reconocido en el ámbito
nacional. Cuando las clases lo aburren, se pone a dibujar,
a escribir, no se concentra. «No estaba para eso. Llega un
momento en el que entiendes que te están metiendo mentiras y ya no sabes ni qué hacer con los profesores ni qué
decir, y yo no tenía paciencia. Mis hermanos hicieron la
universidad muy tranquilos. Si te decían que Fulano era
un héroe, ellos lo ponían, que Fulano era un héroe, yo no
podía hacer eso.»

Sus inquietos amigos de la adolescencia fundan en
2006, en el Bosque de La Habana, el grupo Demóngeles,
un proyecto alternativo que se describe a sí mismo como
«una apuesta por la poesía, el arte independiente y la unidad de todos los artistas cubanos dentro y fuera de la isla».
Luis Dener, promotor cultural y líder del proyecto, dice
que «el grupo estaba conformado por células de trabajo,
con planes de acción independientes y liderazgos rotativos.
Sus actividades ocupaban un abanico extenso que incluía

230

arte, ecología, pedagogía y política, en estrecho vínculo con la población, tanto para involucrarlas en la preparación de los eventos, como generando espacios de debate público. En cinco años desarrollamos cerca de treinta minifestivales infantiles en los barrios, con competencias, juegos de participación, actividades deportivas y las distintas manifestaciones artísticas: murales de pintura, instalaciones de poesía, danza, sesiones de pintura corporal». También colaboran de manera muy cercana con Los Aldeanos, el dúo de rap que se volvió en sus años de oro la conciencia crítica del país.

Esta labor comunitaria, junto a la posición política de varios de los integrantes de Demóngeles, provoca la censura del proyecto. Sus integrantes tienen una pinta estrafalaria de frikis locos, los pelos largos, las crestas pintadas, camisa, botas y pantalones viejos. «La gente empieza a preocuparse, los chivatones del barrio. Donde quiera que llegábamos nos miraban raro, la Seguridad del Estado cayéndonos arriba», dice Niovel. En noviembre de 2009, junto a otras organizaciones del ámbito alternativo, Demóngeles organiza la Marcha por la No Violencia, una caminata de protesta cívica por la avenida 23, desde las esquinas de L hasta G, quizá el espacio más transitado de toda la ciudad. Abucheada la marcha ejemplarmente, algunos de sus pretendidos participantes, como Yoani Sánchez, son reprimidos y golpeados por las turbas castristas. Otros terminan en prisión, y cada uno se convierte de modo irreversible en objeto de vigilancia por parte de la policía política.

El parque G, donde ocurren estos hechos, es justo el sitio de peregrinación nocturna de Niovel y su gente. Ahí se reúnen las tribus urbanas juveniles. No es hasta mucho después, cuando adquiere algo de experiencia, que se percata de que ya la Seguridad del Estado lo castiga con cualquier pretexto. Casi todos los fines de semana duerme en un calabozo en la estación de Zapata y C. La excusa parece siempre algo fortuita, haber pisado el césped, subirse a un banco, pero la verdadera razón, lo que hay detrás, es la política. «En ese tiempo yo soy un anarcocapitalista», dice, «lo que hoy llaman "un libertario".»

Participa en lecturas de poesía y descargas de música con otros chicos desobedientes, bebe cantidades industriales de alcohol, fuma y llega incluso a probar la «anestesia de caballo», que no es más que ketamina. «Una dosis muy fuerte, que te tumbaba. Yo lo hice dos veces, pero al final era una mierda, me daba ganas de vomitar», dice. «Un día se me anestesiaron los pies, la calle estaba llena de policías porque había pasado algo con un turista, una sobredosis o algo así, y empezaron a cargar con la gente, ahí terminé. Antes también consumí metil, que te activa mucho, es como tomarse cinco tazas de café. Los más viejos decían que había que ponérselo debajo de la lengua, aunque los jóvenes lo trituraban como si fuera cocaína y se metían rayas por la nariz. Igual supe de gente que lo diluía en agua. Eso ya es otra película.»

Un año después, en 2010, viene un cambio brusco. Niovel abraza la religión islámica y se convierte en musulmán sunita. Él ha investigado sobre el tema desde mucho antes, al menos desde 2001. En su barrio hay muchas embajadas y residencias de diplomáticos y por aquellas fechas traba amistad con un chico argelino, hijo del embajador. «Yo siempre he sido antimperialista», dice, «y la gente me suelta entonces que soy comunista, pero eso no tiene nada que ver, no me cuadra la talla de los americanos ocupando otros pueblos, invadiendo culturas, metiendo su religión por la cabeza. Yo he tenido ese problema siempre con Estados Unidos, que quiere ir a otros lugares y decirle a la gente cómo tiene que comportarse, dirigir el comercio, la política, todo. Estoy hablando del tiempo de la invasión a Afganistán, que si el ataque a los talibanes, que si los talibanes son terroristas, y sí, pero mi amigo me da otra explicación, cómo él y su familia también son musulmanes, por ejemplo, y a partir de ahí yo empiezo a investigar y trato de buscar información por mi cuenta.» Poco antes de su conversión, en La Moderna Poesía, una elegante librería en la bocacalle del paseo de Obispo, La Habana Vieja, Niovel compra una traducción al castellano del Corán. «Lo empiezo a leer y de inmediato contacto con un cubano que vive por mi barrio y anda siempre vestido con ropa larga y con turbante o, en su defecto, con uno de esos gorros característicos de los musulmanes.» Ambos van entonces a La Liga Islámica, una organización amparada por el Estado. «Yo llego ahí y la gente está fraternizando y pienso que todo está sabroso, pero, contrario a lo que ordena el islam, no quieren hacerme musulmán, entonces digo que hasta que no me hagan musulmán no me muevo del lugar.» Niovel logra su objetivo y su nombre cambia, aunque luego, en diciembre de 2012, descontento con La Liga Islámica, Abu Duyanah Tamayo funda junto a otros hermanos de religión la Asociación Cubana para la Divulgación del Islam. «Trabajamos directamente con una organización de Francia y con una universidad en Pakistán que todos los años lleva uno o dos estudiantes cubanos allí para que conozcan más nuestra religión, pero como no estamos legalizados no podemos hacer más nada.»

La organización cuenta hoy con unos cincuenta miembros, y en algún momento llegó a tener ochenta. Abu visita Arabia Saudita en 2014 y emprende el Umrah, un tipo de peregrinación a La Meca, más breve que el Hajj, que es una peregrinación que puede durar días. El Umrah se realiza en unas horas y es menos costoso. No son muchos los musulmanes cubanos que han podido peregrinar, empezan-

233

do por que no son muchos los musulmanes cubanos que pueden viajar. «Aquí vino como en el año 2000 el emir de Qatar», dice Abu, «no sé si era el jefe de gobierno o algún familiar, pero el caso es que el hombre le regala un caballo pura sangre a Fidel Castro, un caballo blanco. Eso salió en las noticias y todo. Bueno, la idea del hombre era crear una organización para que los musulmanes cubanos pudieran entrar en contacto con el mundo árabe, que la gente fuera a estudiar, que la gente peregrinara, y el régimen aceptó al menos que la gente peregrinara, pero ahí viene la burocracia, hacía falta un permiso para viajar, no había casi embajadas ni visados.»

Abu logra que algunos musulmanes árabes y africanos vengan a La Habana a darles clases. En Santa Fe, al oeste de la ciudad, consigue un lugar que funge como mezquita. «Es una casa, la casa completa sería la mezquita, pero como vive gente adentro no decimos que es una mezquita. Hay una biblioteca y un salón donde nos reunimos a rezar y compartimos entre todos. La ley de los musulmanes es el Corán, que es como un libro de jurisprudencia, un código legal, y el Corán dice que toda la tierra es una mezquita, que tú puedes rezar en cualquier lugar. No tiene que haber una ornamentación ni un templo como tú ves en las mezquitas de verdad, con muchas columnas, caligrafías y cúpulas, nada de eso tiene que haberlo necesariamente, eso es parte de la evolución misma de la religión. Y tampoco tiene que haber un Corán. El ejemplar nuestro está en las ceremonias, pero los musulmanes lo que hacemos es memorizar parte del Corán. Hay gente que lo ha memorizado completo. Se usa para rezar, y también para los sermones y discursos.»

Abu, literalmente, significa «padre», y Duyanah es el nombre de una mujer, más bien un sobrenombre de guerrera, algo que remite a una tormenta con rayos y relámpagos. «Los musulmanes no pueden ser arrogantes, ni prepotentes ni envalentonados, ¿no?, y cuando Alá permite a los musulmanes ir a la guerra, este compañero profeta, Abu Duyanah, o sea, el padre de Duyanah, siempre estaba como mostrando músculo, es como activo, y el señor del barrio que me llevó a la Liga Islámica me dijo que ese nombre me pegaba, que yo siempre estaba dispuesto para el combate, fajado con el régimen», dice Abu.

Después de algunos años de resguardo, más volcado hacia su religión, el vínculo con el MSI vuelve a conectarlo con la disidencia política, pero ahora desde otro lugar. Firma sus cuentos y artículos periodísticos con su nombre de religión, etimología de guerra. Participa en el proyecto Museo de la Disidencia, en la 00 Bienal, y se integra de vuelta al circuito del arte alternativo habanero. Antes del acuartelamiento, Abu no va a las estaciones de policía, tiene asuntos que atender dentro de su organización islámica, pero se comunica en todo momento con Omara Ruiz Urquiola, hasta que termina sumándose a la frustrada lectura de poesía, que deviene en atrincheramiento.

«Nosotros siempre hemos sido unos chamas», dice. «Aunque la gente nos conocía, no nos conocía tanto. En los últimos años nos conocieron un poco más, pero casi no nos hacían caso. De hecho, en la Marcha por la No Violencia los periodistas independientes no nos hicieron caso, y los que supuestamente nos hicieron caso no llegaron nunca al lugar porque según ellos los detuvieron por el camino. Aquí ya fue distinto, el resultado de muchos años. Pelearla contra el régimen de esa manera me pareció increíble, y yo no podía ni dormir, vigilando la puerta para que no metieran ningún toque. Tampoco estoy a favor de la huelga de hambre, siempre lo dije allá adentro y lo voy a decir siempre. No me parece un método bueno. Igual voy a morirme con los míos, ¿entiendes?»

Cuando la Seguridad del Estado irrumpe en Damas 955 la noche del 26 de noviembre, Katherine Bisquet logra grabar con una cámara Canon Rebel T6 los primeros compases de la estampida. «El mundo es testigo de esto», dice Abu Duyanah. Un breve silencio, luego la puerta rota, los policías con batas de médico. Corpulento y severo, al primero que arrastran y cargan del suelo es a él.

REGALO DE CUMPLEAÑOS. EL FANTASMA DE CASTRO. RELIGIÓN CIVIL

Fuimos a una exposición en el Vedado de un artista plástico bastante reconocido en el ámbito local. En uno de los salones había varios bustos de patricios cubanos –Carlos Manuel de Céspedes, Ignacio Agramonte, Calixto García, Antonio Maceo– que de repente comenzaban a tambalearse, como si una mano invisible los empujara, quizá la mano de la revisión histórica, y luego volvían al punto inicial de reposo con hidalguía y pundonor. Un rato después, tomando unas cervezas en un bar, Maykel Osorbo dijo: «La exposición tiene un problema». «¿Cuál?», le pregunté. «Los bustos no se caen.» No sabía qué responder a eso. Estaba tan claro, parecía tan evidente, pero uno solo alcanzaba a percibirlo después de que alguien lo verbalizara. Ahí radicaba la diferencia entre La Habana Vieja y el Vedado. Si tambaleas el busto, túmbalo de una vez.

Trataba únicamente de merecer la amistad de Maykel, nada más. No pretendía sublimar sus ideas, no lo convertía en material de estudio, no era mi juguete antropológico ni la demostración de mis tesis o proyecciones abstractas, sino algo en sí mismo, un fin por su propia cuenta, alguien al que solo pretendía querer. Tenía presente, no de memoria, desde luego, pero sí en espíritu, una línea de

Adorno leída en *Minima moralia*: «La glorificación de los espléndidos *underdogs* redunda en la del espléndido sistema que los convierte en tales».

Por esos días, tanto el noticiero estelar de la televisión como el periódico *Granma*, el principal órgano de prensa del país, publicaron una lista de los disidentes más connotados del momento. El primer bloque lo componía la neocontrarrevolución o sujetos menos vulgares. Ahí me encontraba yo y demás artistas y escritores blancos. La otra, integrada por los contrarrevolucionarios, reunía a todos los negros. Con la economía devastada, se establecía una jerarquía clasista a través del nivel de instrucción. Mariela Castro, la hija de Raúl Castro, usaba el término «marginal» desde una lógica oligárquica, de casta. El periódico *Trabajadores*, que debía representar los intereses de los obreros, publicaba un artículo titulado «La cara culta de San Isidro» y promocionaba la galería privada de un actor que fungía como embajador cultural del castrismo. Ejemplos similares se sucedían y el estado de cosas adquiría más complejidad.

En marcha las rotativas de la propaganda, una determinada ficción política empezaba a actuar también sobre estos individuos. Las partes antagónicas del relato histórico vigente –de nuevo el cuento de la Guerra Fría– se coordinaban de modo mecánico con asombrosa prontitud. Las detenciones, los interrogatorios y el racismo sostenido contra los colegas negros podían encontrar su denuncia ejemplar en los altos puestos de la Casa Blanca, a través, especialmente, de Mike Pompeo, secretario de Estado de la administración Trump.

La policía política decía entonces que Osorbo, Otero y Solís, o Berta Soler, la líder de las Damas de Blanco, respondían a los intereses de un gobierno extranjero. Pompeo escribía un tuit en su defensa y entregaba la evidencia del vínculo que la policía política necesitaba. Detenían a los disidentes por algo que iba a suceder después. Los interrogaban para que el delito ocurriera. Era esa una práctica usual en Cuba. Podían, dado el caso, expulsar a alguien de un puesto laboral porque supuestamente quería emigrar. Luego ese alguien, que había sido desplazado y condenado a una muerte civil, emigraba porque no le dejaron más opción. Entonces el funcionario que lo expulsó asentía satisfecho. Se decía a sí mismo que tenía razón. Su mirada previsora había visto venir los acontecimientos, pero la mirada previsora inducía los acontecimientos o, incluso, la mirada previsora acontecía.

¿Podían los disidentes cubanos rechazar la solidaridad de Pompeo? Acorralados, ¿iban a ponerse a seleccionar el tipo de ayuda que les llegaba? La carga solidaria del pronunciamiento de Pompeo venía por su identificación con el sujeto oprimido, al que, hasta cierto punto, le cubría las espaldas y protegía de manera efectiva. El cálculo se daba porque se trataba de un sujeto oprimido funcional a sus intereses. No había una denuncia de la opresión *tout court*.

Tal juego de roles contaba con el otro actor silencioso, nocivo, que hablaba desde el mutismo: la institución de la izquierda occidental, sus múltiples academias y rutilantes laboratorios de pensamiento. Incapaz de expresar con contundencia su apoyo a los negros y disidentes cubanos en general, le entregaban el capital simbólico del gesto comprometido a Washington, y luego su conciencia dormía tranquila en la práctica de la estrategia ineficaz que conocían: no hacerles el juego a los gringos, aunque no supieran muy bien ya lo que eso significaba.

Por pura malcriadez sentimental y melodrama histórico, mis amigos estaban arrojados a ese hueco afectivo. Las palabras, actuando en el vacío, dibujaban un espejo de realidad. El individuo era ese espejo y las fuerzas reaccionarias se miraban en él. Aun así, mis amigos debían enfrentar la ardua tarea de no reflejar aquello que supuestamente tenían que reflejar.

A su vez, empecé a tener en cuenta que la solidaridad no era solo un sentimiento inmaculado, una prístina acción ecuménica libre de cuestionamientos. Más adelante, después de salir de la cárcel, Denis Solís viajaría desde La Habana hasta Novi Sad, exiliándose, harto de la represión y el encierro, visiblemente dañado y también confundido. Muchos solidarios, de golpe, no le perdonaron que los hubiera privado de otra pieza sacrificada, él mismo, alguien que les alimentaba su indignación particular y los convertía, sin mayores conflictos ni esfuerzos, en luchadores encomiables y cancilleres de esa etiqueta llamada «democracia».

Un nombre para un *hashtag*, un post de denuncia, un individuo preso por el que alzar la voz, un paria pobre diablo que no aceptó que lo tradujeran a tiempo completo como víctima del rodillo castrista. Solís no tenía derecho de privar a los solidarios de tantas cosas y arrebatarles de un día para otro, sin consulta previa, sus privilegios simbólicos. Los sujetos elegidos para sostener la buena conciencia ajena perdían cualquier potestad sobre sí mismos y, en cuanto salían del radio de acción de esa moral castrada, estrecha y cuasi escolástica, ya no eran útiles y dejaban de importar.

Se necesitaba que padecieran, no otra cosa. Si no, ¿a través de quién se podía demostrar que el castrismo era lo que era? Así, una cara sustituía a otra, un nombre a otro, un nuevo cuerpo destazado en el ritual ideológico nacional. Permanecías en la preocupación de la gente lo que permanecías dentro de cierto rango de terror ya codificado. A través del instrumento del altruismo, funcionabas únicamente en determinado horario. Yo ignoraba si en el esquema de la plantación había un título específico para las personas que pedían el cese de la esclavitud y al mismo tiempo condenaban el gesto irredento del esclavo aturdido que se fugaba al monte del exilio, porque dejaba al resto de los suyos en el barracón. Pero, lo hubiera o no, eso también éramos.

En medio de aquellos enredos, ideas que no me dejaban tranquilo, la televisión nacional, además, me hizo un regalo especial el 25 de diciembre, día de mi cumpleaños treinta y uno, cuando me dedicó un espacio de nueve minutos por haber llamado a Fidel Castro, en una entrevista, «ególatra, narcisista, extremadamente dañino, mentiroso, camaleónico y una figura que se degrada casi sin ninguna complejidad». Creo que jamás se había escuchado en el noticiero una definición tan exacta de Castro.

Yo no exageraba lo que sentía. Mi desprecio hacia los llamados «grandes hombres de la historia», incluido, por supuesto, ese mismo rótulo, algo asociado por lo general al afán imperial o al deseo de gloria, no consistía siquiera en un desprecio moral, sino en un desprecio de la atención. Me aburrían mucho, no me interesaban, creía que siempre venían a reducir los sucesos, un empobrecimiento de la época que los engendraba. Desde La Bastilla hasta el 18 de Brumario los sucesos poseían una cualidad mágica para mí, el vértigo suicida de la historia. A partir de ahí, no sabía mucho del asunto, rechazaba a Bonaparte.

Algo similar podía decir del Imperio respecto a la República romana, siendo esta última el tiempo del verdadero esplendor. César, desde luego, era tan hijo de la República como Bonaparte de la Revolución y sus grandezas respectivas representaban en realidad la muerte de algo mayor. Encontraba mis héroes antiguos en Antígona y Espartaco, no en Aquiles ni... debería decir Alejandro, pero Alejandro, por muchas razones, seguía siendo

241

el único gran rey que me cautivaba, a pesar de que luego de la batalla de Queronea, apunta Calasso, su padre y luego él convirtieron a Grecia en un museo. Todos los que vinieron después tenían sueños húmedos con Alejandro y todos eran su caricatura. Alejandro, justamente, fue el segundo nombre de Castro y su seudónimo en la clandestinidad.

El locutor del noticiero, luego de recitar mi ristra de calificativos al líder supremo, prosiguió: «Más allá de ideologías, algunas personas se convierten en símbolos para una nación. Está claro, ¿verdad? Pregunto ahora. ¿El ejercicio pleno, el ejercicio consciente de una libertad de expresión que necesitamos, claro, y que debemos defender cada día más, no tendrá límites? ¿Dónde están esos límites? ¿Cuáles son esos límites? Existen normas, donde quiera, que no están escritas, y esas normas no escritas también son esenciales en toda sociedad. ¿Hablar en esos términos de un símbolo para la inmensa mayoría...? Subrayo: para la inmensa mayoría. Es un símbolo, no solo en Cuba, sino en buena parte del mundo».

A esa hora me encontraba en una fiesta en un apartamento de la calle Zanja y los anfitriones detuvieron la música y prendieron la televisión. Intenté seguir un rato más y lo hice, pero se me habían quitado las ganas de bailar y conversar. A veces me quedaba a dormir en la casa de Mónica Baró y a veces en el apartamento de Katherine Bisquet. Me escurrí como pude, después de que me cantaran felicidades y me picaran un cake pequeño con una sola vela. Me dirigí a casa de Katherine, mucho más cerca de donde me encontraba.

Atravesé Centro Habana, sus lánguidas ruinas. Al apartamento, los amigos que pasábamos por allí lo llamábamos El Palomar. Quedaba en la azotea de un edificio ubicado en la esquina de Crespo y Colón, muy cerca del

Paseo del Prado. Desde su terraza podía verse la quietud de la zona vieja de la ciudad. El fragor moría a ras de suelo. Palomares, adolescentes y ropas tendidas en los techos ajenos, el recorte disparejo de la vida.

Debajo nuestro, varias familias vivían casi en cubículos, y cuando uno subía por la escalera angosta aquellos dos o tres pisos comidos por el polvo, los escombros, los trastos, y convertidos en ratoneras, podía ver a los vecinos sentados en sus salas improvisadas disfrutando la televisión o sacando alguna camisa planchada de su escaparate. O fregando despreocupados los platos de la comida.

Katherine, dos o tres años menor que yo, era mi amiga desde la universidad. Cuando llegó a La Habana, a la beca de F y 3ra, la ubicaron en el piso siete, donde yo vivía con Olga, mi novia de ese entonces. Tímida o asustada, sin ningún propósito o ambición evidentes, y sin ningún ánimo de impresionar, la rigidez de mis percepciones me llevó a subestimarla en cuanto la conocí. No le veía carácter ni picardía alguna, cosas que, por supuesto, sí suponía en mí. Pero ella desbordaba nobleza desde el primer momento y yo aún era incapaz de entender que la inteligencia y el carácter venían de ahí, justamente, y que no se trataba de atributos anteriores a la experiencia, sino de figuras concretas que trazabas en el mundo a través de la voluntad.

Katherine tenía una demoledora intuición para el ejercicio del bien, y se había convertido en una poeta relevante, que escribía versos como estos:

Me han regalado un pomo de tinta
o se lo he robado a alguien
o alguien me lo ha dejado en una mesa para que
    tuviese algo que robar.
En todo caso, no me ha servido de mucho.

En todo caso, podré bebérmela.
Para escribirte los versos desde adentro
y veas que me he inspirado
en lo último que me has leído.

La fuerza suya no era casual. Había nacido en la Ciudad Nuclear, para mí el sitio con el monumento más re-
presentativo o legendario de la etapa que habíamos vivido,
aunque esa no fuese la intención del poder. El castrismo
establecía su ruta justificativa en el tiempo. No menciona-
ba la geografía. La historia le pertenecía al tirano. El territorio, a la gente. Perezosa para edificar, nuestra época también contaba con una catedral magnífica que, fuera de la
retórica y los embustes de la palabra, tomaba el pulso de
esa carnicería de los afectos que significó nadar entre las
propelas del relato mesiánico y el verso de la escasez.

Cerca de Cienfuegos, al sur del país, aún permanecían
los restos de una planta de energía nuclear que el castrismo intentó construir con ayuda soviética. En abril de
1976, el primero de varios acuerdos entre ambos países
previó condiciones de pago en veinticinco años, contando
a partir del 1 de enero de 1981, con 2,5 por ciento de interés. Los soviéticos garantizaron el suministro íntegro de
la tecnología, el personal técnico y dos reactores nucleares
de 440 megavatios. Apareció entonces la Ciudad Nuclear
Juraguá, un pueblo sin muertos y sin gentilicio que no
vino a adquirir su verdadera identidad hasta septiembre de
1992, cuando Fidel Castro los visitó para comunicarles en
un discurso de varias horas que, debido a la desaparición
del campo socialista, la construcción de la central nuclear
debía detenerse.

De ese lugar provenía Katherine. La noche de mi
cumpleaños, a muchos kilómetros de allí, a raíz del seg-
mento del noticiero, hablamos de Castro. Eso, en sí mis-

mo, era sorprendente, porque de Castro no había ya nada que comentar. Hablar de Castro, sin importar lo que se dijera, era una demostración de medianía. Un tema gastado y cansón, presa de las ideas más predecibles y pobres. Pero Katherine todavía tenía algo interesante que contar de ese señor, lo que decía mucho de ella.

Su madre, embarazada, estuvo en la Ciudad Nuclear la tarde de aquel discurso de clausura. Mientras llovía y, hemos de suponer, mientras el agua le corría por la cara y la barba y le empapaba el uniforme y los grados, mientras la tela gruesa de ese mismo uniforme verde olivo se adhería a su piel, Castro conversaba con los trabajadores.

Una imagen: el jefe irrumpía y el ingeniero, de camino entre una edificación y otra, enrollaba los planos y guardaba en su bolsillo el lápiz mocho de los cálculos. El obrero de overol manchado detenía el cincel. El soldador apagaba la pistola, el chisporroteo cesaba y el soldador, atento a lo que tenían que decirle, descubría su cara sudada, escondida hasta ahora detrás del casquete blindado que le protegía los ojos. El albañil colocaba el ladrillo en el suelo. Alguien bajaba de un andamio. El jefe decía: «Paren, ni un gesto más», y el ingeniero, el albañil y el soldador quedaban interruptos, con una ecuación a medio hacer, una pistola apagada y un ladrillo suelto, hecho para nada.

Para ese entonces, ya se había terminado el noventa por ciento de la construcción civil, más del noventa y cinco por ciento de los objetos auxiliares, se habían vertido más de trescientos cincuenta mil metros cúbicos de hormigón, e instalado unas siete mil toneladas de equipos y cerca de tres mil toneladas de tuberías tecnológicas. Se contaba, además, con el ochenta por ciento de suministros para la puesta en marcha del bloque. Se había construido una ciudad con más de dos mil viviendas, una base de apoyo industrial, carreteras, líneas de ferrocarril, un politécnico, un puerto para grandes pesos, y todo eso sumaba una inversión de más de mil cien millones de dólares. Una fortuna para un país como Cuba, pero insuficiente para una planta electronuclear.

De todas las provincias llegaban ingenieros y técnicos para habitar la ciudadela y consagrarse a una tarea de grandes proporciones, algo finalmente a la altura de lo que habían estudiado. De haber arribado a feliz término, solo las dos primeras unidades de la planta habrían ahorrado, en principio, más de un millón doscientas mil toneladas de petróleo.

Otra imagen: Castro, compungido, a pie de obra, sacando fuerzas de donde no hay para informar que las construcciones debían detenerse de inmediato. Castro, destruido por dentro, sintiendo que el país se le iba de las manos, que la pelea había sido dura, muy dura, a fin de cuentas estábamos en 1992, el año en que iba a nacer mi amiga Katherine Bisquet, y las cosas no le habían salido como pensaba. Castro, empapado por la lluvia, mostrando optimismo, insuflándose energías e insuflándoselas a los otros, queriendo convertir el revés en victoria, en vez de dejar el revés en revés y punto, en vez de sostenerlo y ver qué tal, cuánto pesaba, cómo olía, darle una mordida, en vez de educarse en el rigor, no en el engaño a voces, creyendo y haciendo creer que no era tan grave, diciendo: «Vamos a reservar la esperanza de que pueda reanudarse de alguna forma, y pueda aparecer alguna solución en ese sentido que justifique plenamente el esfuerzo».

Pero no había ni habrá nunca una esperanza que justifique plenamente el esfuerzo. Hay toneladas de esfuerzo que no van nunca a ningún lugar, esfuerzo desperdiciado, esfuerzo porque sí, muerte por nada, años echados por la borda, pasos en falso, merodeo fatuo. ¿Desconocía Fidel

Castro tamaña obviedad o la conoce y creía, en cambio, dañino propagarla? ¿Aparecería algún día el diario íntimo donde Fidel Castro repasó las derrotas desde la devastación, desde la perplejidad y la turbación, y no con el tono enérgico habitual? ¿Habría algún legajo en el que exorcizara el resquebrajamiento? ¿Se encontrarían los restos físicos de algún mercado negro donde a manos llenas intercambiara el agotamiento por la materia trascendental con la que elaboraba sus discursos?

Dijo: «Estamos enterrando recursos todos los días, todos los años; ya hemos invertido mil cien millones, ¿para qué? ¿Para esperar quién sabe cuántos años antes de poder encender un bombillo con energía de esa planta, sin ninguna seguridad acerca de los suministros, incluso en este momento sin ninguna seguridad acerca de la entrega de los combustibles nucleares que necesitará esa planta?». ¿Podíamos imaginarlo pronunciando tal cosa en voz baja, apoyado en alguna tubería, sujeto tan dolorosamente a la belicosidad de la historia, de la misma manera en que el ingeniero se sujetaba, mareado, a su cálculo inconcluso, y el soldador a la pistola, y el albañil al ladrillo, y el supervisor a los bordes del andamio? También dijo: «Para esos trabajadores fue durísimo. Hay compañeras y compañeros que han empleado una parte importante de su vida en esa obra y tenían ilusiones muy grandes».

Luego, en otro lugar, recordó: «La respuesta de los trabajadores fue excelente, la que esperábamos. ¡Ahí están ellos, dispuestos a ir a trabajar donde sea, dispuestos a trabajar donde se les sitúe y a mantener unida esa extraordinaria familia de constructores y de trabajadores de la electronuclear! Debo decir que ese día, como es lógico, hubo hombres y mujeres que derramaron lágrimas, hasta la naturaleza lloró esa tarde, y yo les decía que la naturaleza podía llorar, pero que nosotros no podíamos llorar, excepto que fuera por patriotismo y por emoción, como estaban llorando muchos allí».

Había que tener cuidado con lo que nos permitíamos sentir hacia alguien así, cómo administrábamos aquello que nos provocaba. En *Ejercicios de admiración*, Cioran exclamaba: «¡Qué suerte tener por contemporáneo a un tirano digno de ser aborrecido, al que poder consagrar un culto a contrapelo y al que, secretamente, desear parecerse!». En otro texto, recogido en el volumen *Historia y utopía*, consideraba inútil detestar a los tiranos, «pues no dejo de comprobar que constituyen la trama de la historia, y que sin ellos no sería posible concebir ni la idea ni la marcha de un imperio».

Desde la segunda mitad del siglo XVIII eso ya no era verdad. Fueron los jacobinos los primeros sacerdotes que profesaron el culto al dios secular de la Sociedad, figura mítica racional que luego de la Bastilla, Haití y las Trece Colonias no dejó espacio para ninguna trama absolutista. Como figuras que fijaban un esplendor a través de la expansión territorial o de la construcción de una ciudadela magnífica con el uso de sangre de vaca, tanto Bonaparte como Henri Christophe eran partículas desaceleradoras de la historia. No llegaban a detener su marcha porque la historia nunca se detiene, pero le sujetaban las bridas a la bestia de los acontecimientos, desbocada como un animal cerrero, y contenían, con el permiso de la historia, con su venia, porque la historia necesitaba tomar un respiro, el delirio de las nuevas posibilidades del sujeto social y su fuerza interna desatada, plenitud destructora aparentemente recién descubierta.

Ni Stalin ni Mao, ni nadie de su estirpe, jugó ya el papel que Cioran suponía en los hombres de su tipo. Ese rol le correspondió a los gringos, quienes justamente no girarían alrededor de un individuo en particular, sino de otro principio mesiánico al fin elevado al estatus de culto. «In God We Trust», decían los dólares, refiriéndose a ellos en primera persona del plural. Lo que Castro hizo en Cuba, siguiendo la línea, fue devolvernos a un tipo de religión preenciclopédica, obligarnos a firmar un contrato social cuyo elemento de cohesión, su figura, respondía a categorías civilizatorias no solo anteriores al estallido fulgurante de la revolución, sino a la república que la permitió y produjo. Todo esto tras el señuelo, extendido a la modernidad occidental en conjunto, de que ninguna fe regía los designios del Estado. Volteado hacia adentro el objeto de divinización, el mundo secular fingía no adorarse a sí mismo.

¿Qué tipo de creencias practicaban las sociedades actuales bajo el disfraz de no practicar ninguna de manera oficial? Superada la finta del tirano y el anzuelo de la colectividad sublimada, habría que hacerse incluso otra pregunta: si el culto civil y la institución laica podrían permitir una regeneración espiritual, un acceso a lo desconocido y una legislación del sujeto raso como ídolo sin recinto sagrado, pero ídolo en cualquier caso, puesto que siempre había que tener a mano algún objeto de adoración. ¿La tiranía del ciudadano, la dictadura proletaria, no terminaba en la pompa del totalitarismo, en el crimen histórico que usaba al individuo como la materia con la que se construía un altar de espanto en su propio nombre?

¿Podía aún la ley secular —es decir, podía yo— no solo permitir, desde luego, sino también profesar devoción al orden secreto, al parloteo del muerto, a la zona mágica de la cultura? Me parecía indispensable esa fusión, deliberadamente obstruida. No había nada alegórico ahí, hablaba de una mezcla pragmática. Glissant opinaba que la modernidad en la obra de Lautréamont, a quien entendía como poeta americano, alguien que enunciaba desde una tangente, desconcertaba por la relación exasperante de sus elementos inusitados, cuya literalidad los exégetas europeos enterraban en un «aparato de interpretaciones simbólicas». Y concluía: «La famosa "distancia" revelada por la imagen poética entre dos elementos de lo real, y textualizada por Reverdy y los surrealistas, constituye aquí una convergencia literal entre dos dimensiones culturales obligadas a unirse».

Pospuesta la posibilidad del desajuste, los restos del credo popular quedaban reducidos a un sentido ornamental, un vector político desperdiciado. ¿Cómo gestionaría la república, con la oportunidad particular que encontraba en la dizque periferia, las formas desplazadas del deseo? En un cambio inaudito del lenguaje empleado para los seres supremos, un mito lucumí se refería a Olofi, creador del mundo, como un albañil, mientras que los negros congos regaban la voz de que Dios no había hecho nada, sino que todo empezó con el vómito de un «diablo hermoso» que se apretó la barriga y expulsó lo que ahora hay.

Un relato de Lydia Cabrera, leído bajo el título de «Se cerraron y volvieron a abrirse los caminos de la Isla», pero que sospecho no debe llamarse así, ya que los títulos de Lydia suelen ser generalmente cortos y rotundos, contaba cómo, debido a una causa incomprensible, «se borraron todos los caminos de Cuba (...). Toda comunicación entre los habitantes del país, aun entre aledaños, se hizo impracticable. Cada cual vivía cautivo en su lugar. Viajar era morir. El terror a Ikú, apostada al comienzo de las rutas desvanecidas, la Ikú aguardando en todas direcciones, hizo de cada pueblo, de cada hacienda, de cada sitio, de cada casa, rica o pobre, un mundo aparte y cerrado; cárceles cuyas murallas de aire, transparentes como la luz del día, sin embargo, eran infranqueables. De un extremo a otro de la isla, la vida quedó estancada. Y todos los hombres se apesadumbraron...».

250

Ese fragmento recogía todo lo que me fascinaba a mí de la gran escritora cubana: cómo sus historias parecían siempre metáforas hechas para cifrar el presente y cómo el presente se diluía, la metáfora permanecía y empezábamos a habitar el tiempo enrevesado de la invención del mundo, haciéndome creer su prosa, o haciéndome entender, que vivíamos rodeados de bestias que hablaban y deidades que construían una civilización cuyos presupuestos se enredaban como hiedras en la rama sincrética de la ceiba. El presente terminaba leyéndose entonces como alegoría de sus cuentos, cargados de criaturas que se movían sin aduana entre el reino de los hombres, el reino de los animales, el reino de los dioses y el reino de los elementos. ¿Podía imaginarse una disidencia cuya constitución emocional ignorara ese sentido mágico?

Para que los caminos volvieran a abrirse, unos Ibeyes o jimaguas salieron a buscar al diablo, la viva estampa de Castro ante de morirse: «Era un viejo gigantesco, horroroso, de cara cuadrada partida verticalmente a dos colores, blanco de muerte y rojo violento de sangre fresca. La boca sin reborde, abierta de oreja a oreja; los dientes pelados, agudos, eran del largo de un cuchillo de monte». Los Ibeyes se llamaban Kaínde y Taeguo, quienes, según otra historia, nacieron junto a Oddúo, luego de que un pez le dijera al pescador que sembrara sus agallas al pie del coco, le diera sus tripas a la perra y la cola a su yegua. A los tres días la mujer del pescador parió tres hijos, la perra tres perros y la yegua tres potros. Sin embargo, la travesía de Kaínde y Taeguo ocurrió a pie, no encima de ningún caballo ni acompañados tampoco por sus perros.

Cuando encontraron al diablo, lo pusieron a bailar (el acto redentor de la fiesta), y con mucha picardía hicieron que el diablo desfalleciera: «Vencido el diablo –desendiablada, libertada la isla–, reaparecieron los caminos sin que fuese menester que el hombre, de nuevo, tuviese que trazarlos y rehacerlos con el sudor de su frente. Dicen también que los Ibeyes resucitaron aquella noche a cuantos se habían perdido: que por la palma real subieron al cielo y le pidieron a Obatalá –que jamás les niega nada– devolviera sus antiguos cuerpos y las almas a aquellos miles de esqueletos que yacían insepultos en el valle y en las sendas que Okurri Borokú había cerrado». El valle, por supuesto, era el mar, el único valle en condiciones que tenía Cuba, donde «los peces libaban en las flores; los pájaros colgaban sus nidos en las crestas de las olas».

Finalmente, este racionalismo litúrgico, este mejunje soñado por una cabeza atea, contaba también con el sitio idóneo de peregrinación, la meca apartada y resignificada por la derrota. Algo que iba a ser una cosa y terminó siendo otra. La cúpula de la Central Nuclear semejaba un Taj Mahal sin lustre, tropo invertido. Ofrenda no a la esposa muerta, sino a los propios trabajadores desfallecidos. La Ciudad Nuclear no como muerte, sino como no-vida, el estado permanentemente inconcluso del socialismo real. Trescientos cincuenta mil metros cúbicos de hormigón, siete mil toneladas de equipos, cerca de tres mil toneladas de tuberías tecnológicas. Cemento y hierro, languidez.

Los físicos lo sabían. El átomo se quiebra. Las revoluciones se quiebran. Y siempre, más abajo, hay un enigma.

VIDA BREVE (XV)

Katherine Bisquet Rodríguez
10 de diciembre de 1992
27 años

Nace en Mayajígua, Sancti Spíritus, e inmediatamente su madre, Minerse Rodríguez, vuelve a la Ciudad Nuclear, donde ya vive desde hace algunos años. Le han dado una casa justo por haber conformado una familia. La gente tiene hijos para ganarse un apartamento. La madre estudia Técnico de Mecánica en Matanzas y recién graduada, a fines de la década de los ochenta, termina en la nueva ciudadela. Su padre es chofer en la Central Electronuclear (CEN). Allí Minerse encuentra novio, William Bisquet, con un carácter muy distinto al suyo, mucho más despreocupado y entretenido. Él se ha robado un camión del servicio militar para que lo sancionen y lo expulsen del ejército, pero su padre, el abuelo de Katherine, un importante funcionario del Partido Comunista en la Central Eléctrica de Moa, lo envía como castigo al rincón cienfueguero donde el castrismo está construyendo el futuro de Cuba. Minerse y William se separan cuando su hija mayor tiene cuatro años.

«Eso ahí estaba lleno de jóvenes», dice Katherine, «gente que había regresado de la Unión Soviética, los rusos. Se albergaban en hoteleras, unos edificios muy grandes con muchos apartamentos uno detrás de otro. No es el modelo de las escuelas del pre, la forma de hache, no. Son más bloques, pero grandes. Todo el mundo empatándose con todo el mundo, las hormonas disparadas, y mi mamá ve eso como en plan de que se va a quedar solterona. Lo que tenía eran veinticuatro años, o sea, la mente provinciana esa de quedarse solterona, y entonces cogió a mi papá, que era un caso perdido, y lo enlazó, lo capturó, lo embarazó y se casaron. Ninguno estaba enamorado del otro, fue un noviazgo de juventud, pero mi papá no tiene la fuerza que lleva una mujer como mi mamá. Mi mamá es casi una amazona, con mucho carácter, muy luchadora, y mi papá es alguien más noble.»

Las obras de la Central Nuclear cierran en septiembre de 1992, y al día siguiente vacían los estantes de comida de los puestos de abastecimiento. Hasta el momento ha sido un lugar privilegiado que acostumbra recibir visitas de todas partes. Había planes de avenidas, piscinas olímpicas, centros deportivos. Los radiofísicos, termofísicos, técnicos nucleares y otro largo etcétera de profesionales se convierten en económicos, contables, eléctricos, soldadores. Comienza lo que llaman «el desmantelamiento», el país sumido en la crisis económica de los noventa. Los habitantes de la CEN venden acero, cables, tubos, todo el material desechable. Los soldadores hacen ventanas de aluminio, camas, sillas, juegos de comedor, y así se van ganando la vida, con los restos de sus sueños, recogiendo los despojos de un porvenir luminoso, como quien busca en la basura aquello que todavía podría tener un segundo uso, y dárselo luego, devolver un objeto muerto al mundo fragoroso de la funcionalidad. Viajan bastante fuera de provincia y reparten su mercancía en camiones de carga todavía disponibles.

«Cuando yo era niña, el cierre de la CEN no fue un trauma. La gente no lo asumía como una tragedia. Yo empecé a ver esa tragedia cuando me fui de ahí. Mientras, me parecía como al resto, normal. En la universidad tomo conciencia del fracaso. Igual antes había un patetismo en mi vida, nada me entusiasmaba, nada me divertía, todo era muy aburrido», dice Katherine. Sus mejores amigos son todos hombres, entre ellos Félix, «una especie de *queer*, un negro largo, flaco y maricón, muy afeminado». En cualquier caso, aquel laboratorio social guarda un aura cosmopolita, hay gente de muchos lugares distintos, y casi nadie regresa para su provincia de origen. Deciden permanecer en el lugar, como una cofradía sin profeta, fiel a sí misma. «La fundó gente muy joven y muy inteligente. La CEN tenía una magia, sí. En la Vocacional, por ejemplo, el pre de Ciencias Exactas, había una sola aula para la gente de la CEN, y la CEN es un lugar muy pequeño. Siempre se trataba del grupo más avanzado, los alumnos que después estudiaban Cibernética, Automática y que tenían el mejor índice académico.» Quien repasa a Katherine para las pruebas de Matemática es Coquito, un vecino amigo de la familia, y ella recuerda que Coquito le transmitía aquellos conocimientos como si se tratara de un arte, los pasos y las soluciones no tenían nada que ver con las clases de la escuela.

En medio de aquel panorama, Minerse teje su propio relato heroico. Hasta las cinco de la tarde trabaja como económica de la CEN, y luego se convierte en listera de la bolita, una actividad ilegal pero tácitamente permitida por las autoridades. El listero es el anotador y el testaferro del banquero. En una suerte de lotería de bajo costo, las personas juegan un número de la charada, cantado por casas de apuestas de Miami y Venezuela. Los banqueros cubanos, ante un golpe de suerte de sus clientes, a veces quiebran. Al final no tienen tampoco tanto más dinero que un jugador ordinario. Después de contar nóminas salariales, Minerse recibe en casa a los apostadores del pueblo. «La delincuencia mayor de la CEN, los más apestosos, los borrachos, mi gente favorita», dice Katherine. «Veía esa fauna todo el tiempo, y de ahí viene mi relación con el margen total.» En la casa hay también unos controles muy estrictos. Minerse cuenta el dinero y no puede equivocarse. Hay que hablar en voz baja, no se puede gritar, no pueden ver los muñequitos. Si se equivoca, tendría que pagar miles de pesos de su bolsillo. Desde muy niña, Katherine tiene una relación cercana con el dinero, pero con un dinero que no es suyo, que puede ver y no tocar, mucho menos usar.

«Yo me quedaba por el barrio hasta las siete y media, mataperreando por ahí, hasta que mi mamá cerraba la lista. Varias veces se tuvo que fajar por esa talla. En mi casa había un machete detrás de la puerta, y cuando yo decía en cualquier parte que era la hija de Minerse, la gente hacía así como "Ah, ¡la hija de Minerse!", en tono medio de mafia. Todo el mundo la respetaba, porque, además, mi mamá tenía un comportamiento de Hombre Nuevo. Ni un kilo robado, ni nada confuso, todo cuadrado, peseta por peseta, cero suciedad, cero mentira, y una organización compulsiva que yo creo haber heredado de ella.»

A los nueve años Katherine se beca por primera vez en la Escuela de Arte de Cienfuegos. Le parece el paraíso, la libertad absoluta. Vive en un albergue incluso con muchachas mucho mayor que ellas, el rango va desde tercer a noveno grado, desde los ocho hasta los catorce años, y ya escucha hablar de sexo con un desenfado que jamás ocurriría dentro del orden familiar. Cerca quedan las ruinas de un hospital y ahí se reúnen en las noches filas de masturbadores que son azuzados por las alumnas, quienes los insultan, abuchean y sacan sus blúmeres por las ventanas. Luego pasa a la Vocacional, donde participa en muchos actos políticos, obras de teatro, grupos musicales. Su tercera «tanda de beca», como le llama, llega en La Habana, cuando empieza Filología.

«Antes no leía absolutamente nada», dice, «algunas cosas de aventuras, Julio Verne, ciencia ficción, Bradbury. No tenía conciencia literaria ni nada de eso cuando entré en la universidad. Sí tenía una aptitud para el arte, pero más para el jolgorio del arte, la cosa de la vagancia, de no tener que hacer nada y estar comiendo mierda, básicamente. Eso era algo que me seducía muchísimo, hasta que conozco a Olga y me abre la cabeza.» En segundo año descubre un concurso de poesía cuyo premio son mil dólares. Jamás en su vida ha escrito poema alguno. «Pero ya había dado literatura francesa, y yo también venía de provincia, así bien cruda, y lo que hago es copiar a Rimbaud a la cara, y recuerdo que pensé que hacer poesía era muy fácil, copiar aquí y pegar allí y más nada.» Gana una mención con veinte poemas escritos de un tirón.

Ahí empieza a robar cantidades insanas de libros, entiende que necesita fisgonear en muchas partes diferentes, que, en efecto, la literatura consiste en tomar de aquí y de allá, pero hacerlo de lados distintos para que las combinaciones posibles parezcan generar una ruta propia. Olga y Katherine saquean casi cada librería de La Habana. En Obispo, en un puesto de dólares, Katherine ha llenado su mochila, Olga parte de la suya, pero Katherine de repente abre un diccionario de francés, idioma del que no sabe una palabra, y se entretiene mirándolo, hay unas figuras y mapas que le atraen. «Un libro muy lindo, era como el objeto prohibido, y yo pensé que tenía que robármelo. Olga me dice que no me lo lleve, y en ese dilema nos cogen. La vendedora me dice que empiece a sacar los libros y Olga se hacer la sorprendida, que cómo era posible.»

Años después Olga lo contaría así: «Yo le dije: "Pero, Kathy, ¿cómo te has puesto a robar libros en este lugar? ¿Cómo se te ha ocurrido algo así?". Se lo dije de golpe y sin saber de qué región venían las palabras, y la mujer me miró desorientada, y Kathy también me miró desorientada y la mujer la volvió a mirar a ella y le dijo que si ella sabía que por eso le podían mandar a buscar a la policía, y Kathy le dijo que sí, que ella lo sabía, y la mujer le dijo que sacara los libros y Kathy sacó un par más y luego le dijo que los otros no, que los otros eran de ella. Nunca supe de dónde había sacado el temple para decir eso, porque estaba claro que, si los libros que quedaban dentro de la mochila eran de ella, lo eran solo en la medida en que yacían precisamente ahí y no ya en uno de los estantes de la tienda, o en la medida en que cada libro, por ejemplo, costaba casi el salario entero de un mes de trabajo de su padre».

Ambas huyen corriendo de la tienda, muertas de risa, Obispo abajo, perdiéndose en la multitud. Luego Olga se marcha de Cuba, Minerse también, Katherine se gradúa a duras penas de la universidad, un lugar que detesta, y empieza a vivir en alquileres, dentro de un mundo subversivo y medio clandestino, siempre móvil, que la juventud habanera conoce tan bien y que no aparece en ningún circuito publicitario, ni se puede llegar ahí por casualidad.

A comienzos de 2019, en plena campaña contra el Decreto 349, una colega de estudios y amiga de parranda invita a Katherine, en el marco de la Feria Internacional del Libro de La Habana, a una lectura de poesía en el Pabellón Cuba. Estamos también a las puertas del referendo constitucional. Katherine acepta y, en el momento de la lectura, se quita la camisa. Debajo trae un pulóver que dice «Voto no», la opción satanizada por el poder. «Todo el mundo empezó a alterarse, todo el mundo nervioso, estaba la prensa, el salón lleno de latinoamericanos, porque era el encuentro de jóvenes escritores latinoamericanos, y había más extranjeros, qué sé yo, toda esa mierda», dice. Lee sus tres poemas, condena el Decreto 349 y vuelve a su silla. La amiga organizadora que la ha invitado le pide, muy molesta, la credencial de la Feria. Katherine se niega, entonces la amiga le jala el pelo duro y la golpea, furiosa. «Yo entré en shock, me daba vergüenza fajarme allí. Solo atinaba a preguntarle por qué hacía eso.» El episodio marca el punto de giro definitivo, el divorcio absoluto entre su vida, su poesía, sus afectos, y el campo de concentración de la cultura oficial.

A partir de ahí la Seguridad del Estado presiona a cada casero de Katherine. Tiene que mudarse de alquiler en alquiler. Nadie la quiere de inquilina, apesta, es un problema. Algunos amigos la recogen, el círculo se estrecha, pero de algún modo su ímpetu despeja la maleza del miedo. Es ella quien propone, luego de la detención y la sentencia de Denis Solís, la lectura de poesía como método de protesta, una forma de delinear los circuitos reales de la ciudad, la reconfiguración libre de los territorios políticos. Incluso ha pensado un acuartelamiento desde antes, pero no encuentra hasta ese momento una oportunidad lo suficientemente grave que lo justifique.

Cuando la Seguridad del Estado irrumpe en Damas 955 la noche del 26 de noviembre, la primera persona que arrastran y cargan del suelo es Abu Duyanah. Desde un balcón interior de la casa, Katherine logra grabar con la Canon Rebel T6 los primeros compases de la estampida. Escondida bajo unas sábanas, la policía política no llega a encontrar la cámara, que guarda durante días la única memoria visual del momento. Segundos que parecen los versos de una poeta atolondrada.

CUANDO VUELVAS, TE VAMOS A ESPERAR

En El Palomar, antes de dormir, vi películas como *Confianza*, de István Szabó. A veces me acostaba en la hamaca de la terraza, bajo el cielo de La Habana. La libertad había sido, hasta el momento, dispersión alrededor de un centro vacío. Intuición y reguero, permanencia en la fuga. Ahora no. Contrario a Lezama, que frustrado en lo esencial político se refugió en cotos de mayor realeza, yo no tenía ningún otro lugar en el que refugiarme. Mi conocimiento venía de la ignorancia, mi plenitud de mis limitaciones, y la calma de la furia. Lo que me gustaba y lo que no me gustaba estaba a la misma distancia, y me incidía de la misma manera lo que conocía y lo que no.

La ansiedad hacía que me despertara temprano y, sin desayunar, caminara durante una hora o más desde la casa de Katherine hasta la casa de Mónica, bordeando el muro del Malecón. Sobre las ocho de la mañana recibía una llamada puntual de la Seguridad del Estado. Nadie contestaba. De hecho, ni siquiera daban tiempo a contestar. Un timbre o dos para hacerte saber que estaban ahí, que no te habían olvidado. Luego, a lo largo del día, repetían el procedimiento entre veinte y treinta veces, como un goteo incesante en el pensamiento de un torturado. Además, cada vez que entraba a una casa, estuviese donde estuviese, me marcaban también.

Miraba a los alrededores, pero no había nadie, las calles vacías y las ventanas cerradas, hasta un día que vi sujetos correr detrás de mí cuando apuré el paso para, debajo del primer alero, guarecerme de la lluvia repentina de una mañana plomiza, y los vi irse justo cuando me iba yo, tal vez un poco hartos de que los hubieran puesto a perseguir por la ciudad a ese chiquillo que no agarraba ningún bus y prefería caminar a todas partes.

Un domingo tranquilo alguien me llamó al celular y dijo: «Carlos Manuel va en un taxi verde por el Malecón». «¿Cómo?», pregunté. «Yo soy Carlos Manuel.» «¡Ay, cojone!», gritó el policía, y colgó. Se había equivocado de número. Llamó al vigilado, no a quien vigilaba. Resultó una escena cómica, después de todo. Aquella experiencia, sin embargo, seguía siendo una rareza.

En la calle continuaban, invictas, las largas filas para comprar en cualquier establecimiento un poco de comida. En última instancia, el arte totalitario era el arte efectivo del aburrimiento. Contrario a cierta idea extendida, la fiesta aquí era un accidente, un desvío. No se vivía como un desprendimiento lógico de la vida social, sino como una fuga o un escape. Del otro lado se encontraba el testimonio de la cárcel o el exilio, la miseria económica, la emigración constante. La pelea simbólica entre estos dos frescos contrarios no parecía tener fin, pero ambos eran una consecuencia, los exteriores de la verdadera naturaleza del Estado totalitario, ante todo una máquina de tedio.

Las fiestas eran señaladas y algunas, cada vez más, escandalosamente exclusivas. La represión y los golpes eran puntualmente administrados. Cuando alguien en Cuba caía en uno de estos dos círculos, el del premio o el del castigo, la gente simplemente elegía creer que ese alguien se lo merecía y se olvidaban de él. En cuanto se accedía al suceso individual, se formaba parte de una excepción. Uno podía contar algo de sí mismo –una noche de baile, una playa con sol, diez años de prisión, un policía que te avasalló–, pero no de los cubanos en general, pues lo principal que habría que decir de los cubanos quedaba en algún sentido fuera de las palabras: que el castrismo se las arregló para que a la mayoría de la gente, durante décadas, no les sucediera nada.

Todo el que aprendió a usar la lengua, y la utilizó para decir lo que fuera, o todo aquel al que se la cortaron, y usó esa mutilación como evidencia, había logrado escapar o había sido desplazado del corazón del régimen, ganando su condición de sujeto. Lo que en realidad definía a la gente que habitaba dentro del totalitarismo era que tenían una lengua colgándole de la boca y no solo no sabían para qué servía, sino que actuaban sin que les hiciera falta emplearla. Se amputaba la función, no el órgano.

Ese tipo de vida se producía como se producen uniformes, un vestido ideológico donde la lengua más bien parecía un añadido inservible que en sociedades inferiores solía cumplir algún rol comunal superado ahora por el Hombre Nuevo, en esencia un hombre mudo. Ahí estaba la respuesta a la pregunta sobre la larga duración de la dictadura. Aunque la pregunta ya lo decía todo, porque nada que durase tanto podía ser justo.

¿Cuáles eran las marcas vivenciales estándares de los cubanos? Las largas filas para comprar algún producto específico, la espera de horas en las desbordadas paradas de buses o en las desangeladas salas de hospitales, los entuertos burocráticos tramitados con infinito desgano, los contenes de las aceras o los portales de esquina atestados de jóvenes que desde media mañana empezaban a macerar el tiempo con el mortero del desvarío. Maneras exclusivas del hartazgo.

El totalitarismo no era compulsivamente sangriento y cuando reprimía o abusaba, o mataba, lo hacía detrás de una apariencia técnica. No psicótico, sino impersonal. Una suerte de bestia dormida que entendía el bienestar como sopor y que se preguntaba, de verdad se preguntaba, por qué alguien querría desperezarse. Veía en el movimiento una traición y estaba convencido, porque el totalitarismo no es demagógico, sino obtuso, de que en la anestesia del nervio había una forma de la prosperidad. Resultaba difícil sostenerse con vehemencia ante una máquina fría, que no mostraba emociones porque no las tenía.

En *El palacio de las blanquísimas mofetas*, Reinaldo Arenas recreó una escena en que toda la familia, sentada a la mesa, tenía mucha hambre, pero la comida no se acababa, siempre quedaba un poco, porque nadie quería comer más que los otros. Justo ese resto de comida rodeado de hambre era Cuba: una noción de mínimos. En el oficial Flask, personaje de *Moby Dick*, yo reconocí probablemente como en ninguna otra parte el tipo de desespero que vivía la gente en mi país, pues Flask, a bordo de una embarcación dirigida por un viejo demente, no era más que un hombre insatisfecho y angustiado que «lo poco que comía le servía tanto para aliviar el hambre como para inmortalizarla».

En los sesenta, la Crisis de los Misiles colocó a La Habana en la órbita de Washington y Moscú, un registro que el discurso oficial nunca más quiso abandonar. En los setenta y ochenta, se trasladaron tropas militares a África, específicamente a Angola y a Etiopía. En los noventa, cuando hizo falta una mercancía que se opusiera al capital, Cuba astutamente se convirtió en su propia marca. Ninguno de esos espacios –ni la carrera armamentista, ni la guerra, ni el *commodity* ideológico– eran habitables. Se dinamitaba un lugar para entrar en la historia, el rostro del pueblo mordisqueado por los perros de la fuga y el hastío.

El 10 de enero, finalmente, volé a Miami desde el aeropuerto de La Habana. Saucedo, el interrogador principal, aguardaba en la puerta de abordaje. Me dijo que me iba a esperar cuando volviera, algo que no tenían siquiera que informar. Me di cuenta de que ellos estaban apurados. El miedo era finito, una cuota de temor nacional. El que nosotros perdíamos, pasaba al poder. Trataba, todavía, de controlar mis idas y salidas del país. En la medida de lo posible, intentaba actuar contra el totalitarismo como si el totalitarismo no existiera, que era quizá la manera más efectiva de superarlo.

Luego Saucedo ensayó un acercamiento torpe. Me preguntó si podíamos tomarnos un café cuando volviera. Algo informal, no querían citarme. De nuevo lo mismo. Me asusté por un momento, como si ya hubiera aceptado. Recordé que en el servicio militar un oficial de la contrainteligencia me había llamado a su oficina para pedirme que delatara a los otros soldados cuando se fugaban o dormían en la guardia. Aquellos ofrecimientos desataban un tipo de repugnancia particular. Dije que no, por supuesto.

Llevábamos más de una hora. Se quería ver en estos sucesos un encuentro de naturaleza kafkiana. No lo eran, lo desmerecían. Había demasiadas palabras allí. En Kafka, los funcionarios no preguntaban, no necesitaban averiguar nada. Sus comportamientos eran severos y sus parlamentos, precisos y secos, con la doble condición de que cerraban una puerta y abrían al mismo tiempo una red de múltiples e inagotables sentidos. En ese laberinto, más que en la finta de la puerta cerrada, quedaba preso el desdichado. ¡Qué lejos estábamos en el tiempo para un episodio así! Una fecha en la que la estética del estalinismo ya solo podía presentarse como folclor.

Corrí hasta el avión y busqué mi asiento. Con el cinturón puesto, sin carga en el celular, me desplomé. Fue como si me sentara dos veces, o como si una parte de mí se hubiera retardado más que yo y apenas estuviera llegando. Pero no era esa la única parte de mí que había demorado. En los días y meses siguientes, sucesivas partes mías, provenientes de ese encuentro, iban a seguir depositándose. El vuelo despegó. Cerré los ojos y me deslicé en la alta noche de ninguna parte. Lo que ha sido pesa menos que lo que habrá de suceder.

Manhattan, Nueva York
Enero-julio de 2022

NOTA ÚLTIMA

El 11 de julio de 2021, ocho meses después de los sucesos de San Isidro, decenas de miles de manifestantes a lo largo de la isla se lanzaron a la calle y reclamaron sus derechos de un modo inédito. Nunca en la historia del castrismo la gente había volcado patrullas de policía, insultado al presidente, roto fotografías del líder supremo y rodeado las sedes municipales del Partido Comunista. También saquearon las tiendas en dólares que abundaban por todas partes. En medio de las revueltas, una anciana negra de La Habana Vieja gritó a la cámara, como guillotinando la obediencia: «Nos quitamos el ropaje del silencio».

ÍNDICE